鈴木光司

Suzuki Koji

強い男を求めなさい、いなけりゃあなたが育てなさい!

LUFTメディアコミュニケーション

まえがき

「強い男を求めなさい」

常々から抱いている危機感が、この言葉に込められています。

草食系といわれる、優しさだけが取り柄のソフトな男性が好まれる昨今の風潮には、大いに疑問を覚えます。世の女性たちは心底から草食系男子を求めているのでしょうか。

人生をともに歩もうとする相手にそのような特質ばかりを求めて、本当に幸せを得られるのかどうか、疑わしい。

最近なんとなく、風潮とは逆の流れを感じることもあります。

「強い男を望んでいる」と本心を明かす女性と会う機会が多くなったのです。彼女たちの本音であろうその言葉は、「でも、周囲を見回しても、いないのよね」というあきらめで締めくくられます。

しかし、女性たちよ。あきらめてはいけません。真剣に求めれば、男は、要請に応じて変わるものです。

そして、男性たちよ。自ら強さを求め、たくましく人生を切り開く力を身につければ、女性たちの未来を変えることができます。

ぼくは、自分の殻に閉じこもって冒険を拒否する男性のことを「へにょへにょ君」と呼んでいます。

ぼく自身、かつては「へにょへにょ君」でした。しかし、現状を認識して、変えようと努力したことによって現在の自分が出来上がったと、認識しています。自身の体験をからめ、男にとっての強さの本質を、この本の中で伝えていきたいと思います。

時間が自由になる小説家という職業と、妻が教師であったことが幸いして、0歳の頃より積極的に娘たちの子育てに関われたのは、まことにラッキーなことでした。

早いもので、今年、長女が二十九歳、次女が二十五歳になります。

次女は、昨年に結婚しました。

家族は、同じ船に乗り合わせた船長とクルーにたとえることができます。

これまでのところ、妻と、二人の娘たちを伴っての航海は概ね順調でした。

就職もしないで小説家を目指すという、荒波に乗り出し、ぎりぎりのところで落水を回避してきたように思います。

妻には、常々から「一寸先は闇」と釘を刺しておきました。

これまでの人生を振り返ると、落水どころか、幸運の連続であったと感謝したくなります。

人生で手に入れたいと望んだものを相当な確率でゲットできたコツは、一体どこにあったのでしょうか。


母、鈴木つる子の次男として生まれ、母の願望を耳元で囁かれて育ったことが、大きかったと思います。

つる子は、電電公社（現ＮＴＴ）で働きながら五歳上の兄とぼくを育ててくれました。仕事と家事育児に追われて母は忙しく、二人の男の子に過剰な母性を注ぐ余裕はとてもありませんでした。そのおかげで、過保護から逃れられたのが、幸運の第一です。

おまけに、母は、あまり動こうとしない父への批判もあって、物心つくかつかないかの頃より、ぼくの耳元で、「男は一発勝負。冒険を避けていてはひとかどの人物にはなれない」と囁き続けたのです。

現在の、ぼく自身の行動形態の源がわかって、腑に落ちるところがあります。母の囁きがなければ、就職しないまま小説家になるという、一か八かの勝負に踏み出す勇気など、とても持てなかったでしょう。

また、母から「ああしろ、こうしろ」と細かく指図されたことは一切ありませんでした。母は息子を信頼して、判断を見守ってくれました。

小学校三、四年で始めたバイクの無免許運転を、自主的に止めたのは、これ以上続けたら母に迷惑がかかると考えたからです。

自分の力で考え、判断して、決定する。

母によって養われたのは、自分で考えるという態度です。

そのためか、根拠もなく風潮に流されること、無意味なルールに縛られること、多様性を失うこと、サービスのマニュアル化、「自分で決める必要のない機能」を搭載した製品などを、ひどく嫌うようになりました。

大学時代に、「意志の自由があるか否か」という問題に深くのめり込んだのは同一のライン上にあります。

置かれたシチュエーションを読み、よりよく考え、判断して決定しようとする場合、その主体である意志に自由があるか否か、自分なりの方法で考えました。もし、「ない」のであれば、能動的に決定しているつもりでも、受け身的に流されているだけとなってしまいます。

本文で詳しく説明したのでここでは省きますが、大学時代にぼくが出した答えは「人間には意志の自由はない」というものでした。

しかし、それでは困ったことになってしまう。考える主体に自由意志がないとなれば、永遠の受け身性に縛られ、「自分で決める」という能動的態度は、求めるだけ無駄ということになるのです。

悩んだ揚げ句、ぼくは開き直りました。「意志の自由はほんの少しある」と、仮定したのです。

高次数の方程式を解くために、現実にはない虚数の存在を仮定したのと似ています。

するとと生き方に、明確な方向性が出てきました。AかBかを選択するシーンにおいて、風潮に流されることなく、自分の頭で考えて決めようとする態度が、さらに強固なものになっていったのです。「意志の自由がない」のであれば、選択権を行使できるわずかなチャンスに恵まれたおりには、絶対に無駄にしないで掴み取ると決めたのです。

人生は、岐路に立たされたときの選択の連続で成り立っています。意志の自由を逃すまいと常に意識すれば、判断する瞬間に抜群の集中力が発揮され、間違った決定をする確率は減ります。

この態度こそが、幸運を招いた原因だと考えています。

意志の自由を求める旅の途中で、もう一つ、大きな収穫を得ました。

一般的な男性という性にも、意志の自由と同様の、存在のあやふやさがあることに気づいたのです。

「男は生まれたときから男であるか、否か」という疑問を胸に生じさせて、得た結論はこれも同じで、「否」です。

女性という性が生物学的に安定しているのと比べ、男性という性は歴史も浅く、不安定です。放っておけば、すぐ女性のほうに戻ろうとします。

中途半端な状態で生まれた男は、生涯をかけて男になろうとしなければならないと考え、実行に移せたのは、子育て体験によるところが大きかったと思います。

こうして、「意志の自由を求める旅」と「男になろうとする旅」は、表裏一体のものとなりました。「ない」と自覚して初めて、「求める」という願望が生じ、行動へとつながっていったのです。

航海に出られたこと自体、幸運でした。

母から過剰な母性を注がれて、「危ないからやめなさい」と耳元で囁かれ続けていたら、どこにも行けない男になっていた可能性大です。

そういえば、母は、こんな台詞もよく口にしていました。

「本当は、筋骨隆々とした男の腕にぶら下がるようにして、生きてみたかった」

そんな母の願いを、残念ながら、父は叶えることができませんでした。逆に、母の細腕によって、父とふたりの息子たちは支えられました。

「自由」と「男らしさ」を求める旅に駆り立ててくれたのは母であり、その動きを「頼りになる」「かっこいい」と認めてくれたのは、妻とふたりの娘たちです。

いつの世も、カギを握っているのは、女性たちです。

男は女性の要請に応じて、生き様をいかようにも変えていくものです。

女性たちよ、強い男を求めなさい。いなければ、あなたが育ててください。

きちんと求めてくれないと、そのうち、男はいなくなってしまいます。

鈴木光司

二〇一五年七月

目次

第一章　男とは何なのか

第二章

みんな初めはへにょへにょ君

第三章

強い男のつくり方

第四章

よりよい未来を切り開くために

編集協力　秋山基
装丁・本文デザイン　坂川事務所

第一章

男とは何なのか

男と女は同じなのか

――最近は男性が女性的になったと言われます。男女の違いについて、どのようにお考えですか。

ぼくは、「文壇最強の子育てパパ」とか、「元祖イクメン」というふうに呼ばれてきたこともあって、自治体の男女共同参画室が主催する講演会やシンポジウムによく招かれます。人前に出てしゃべるのは大好きなので、とてもありがたいことだと思っています。

ただ、そのような会に出ていくと、ときおり違和感をおぼえることがあります。男女共同参画がテーマだからなのでしょうが、「男性と女性は同じ」「男性も女性も一緒」といった発言を耳にすることが多いのです。一般の参加者の方からそういう意見が出てくることもありますし、主催者側がそんなメッセージを発信することもあります。

言うまでもなく、男女は平等であり、対等です。政治的権利も働く権利も同等にもっています。

しかし、男性と女性はけっして「同じ」ではありません。男と女はまったく違うものですし、違っていることが大事なのです。

ぼくは妻と暮らしていて、女性の世界の面白さを幾度となく発見させてもらいました。女性ならではのものの見方や、女性らしい機微といったものを知り、学ばせてもらったこともたくさんあります。

妻もまた、ワイルドなぼくの影響を受けたようです。本来なら彼女にとって無縁だったはずの自動二輪や小型船舶の免許を取得して、楽しみながら人生における活動の幅を広げています。

男女という異なる性が、その違いを主張しつつ、相手を尊重し、パートナーシップを結べば、両者の世界はより大きく広がります。逆に男女の違いがなくなっていくと、両者が混ざり合う世界の色は多様性を失い、単調なものになります。

すべての生物は細胞の中に、ＤＮＡ（デオキシリボ核酸）という遺伝情報を伝える物質をもっています。このＤＮＡが二重らせん構造になっているのは、一方が損傷したときには、もう一方が修復し、互いに補い合うためです。二本のひもがくっついて一本になってしまったら、生命は絶滅に向かうしかなくなります。

男女の関係もこれと似ています。二つの性が離れていつつ、からまり合っている状態であれば、お互いに異なる観点からアドバイスし合ったり、傷ついたときには癒し合ったりすることができます。逆に、男女の違いがどんどん失われていき、考え方や感じ方がまったく同じになってしまったら、相補的な助け合いや癒し合いはできなくなります。

この観点に立てば、男性的特性を解体することが女性の地位向上につながるという考えは、間違っていることになります。互いに補い合うべき相手を弱くしてしまったら、自身も弱くなるだけです。

男女を、支配と被支配の関係でとらえる呪縛から脱して、相補的関係を築き上げるべきでしょう。

また、男女の違いをなるべく保っておかないと、セックスへの意欲が減少するおそれが出てきます。実際、最近は夫婦間のセックスレスがよく取り沙汰されています。少子化の原因の一つは、男女間の性差の距離が小さくなったことにあるのかもしれません。

昔の男は弱かった

――男女の違いをよりはっきりさせるため、男性はもっと強くなるべきなのでしょうか。「昔の男は強かった」とよく聞きますが。

前々から言ってきたことですが、日本人の間では非常に誤解が多い点ですので、改めて繰り返しておきましょう。

戦前までの日本は男性優位の家父長制社会でした。しかし、それは男性が強かったからではありません。「昔の男は強かった」とか、「最近は父親が弱くなった」という話はよく聞きますが、まったくの見当違いです。かつての日本が男性優位だったのは、男性が強かったからではなく、単に女性が男性を甘やかしていただけのことです。

これも男女共同参画の講演会でのことですが、あるとき、高齢の男性から「俺は靴下すら自分で履いたことがない」と言われました。「じゃあ、どうやって履くんですか」と聞くと、「女房に履かせてもらうんだ」と自慢そうに話していました。それぐらい自分は亭主関白で通してきた、だから男女共同参画なんてちゃんちゃらおかしい、と言いたかったようです。

しかし、奥さんに靴下を履かせてもらうのは、強い男性がすることでしょうか。そういう男性が本当に強いと言えるのでしょうか。見当違いもいいところです。自分で靴下も履けないというのは、ひとりで生きていく力がないといううことです。そんな男はどこへも行けません。

家父長制は、男が家族に対して何の責任も果たしていなかった時代の仕組みです。年長者の男性が「家長」としての権利をもち、一応、家族を従えている形にはなっていましたが、当人は父親らしいことを何もせず、ただふんぞり返っていただけでした。つまり、家父長制の実態は、父性的どころか、きわめて母性的なシステムだったのです。男が子どもの頃は、母親が世話をし、大人になった男は、妻があれこれ面倒を見る。男はいつまでたっても独り立ちできず、女に頼ってきました。

かつての日本には父性は存在しなかったとさえ思っています。父性を形づくる「男らしさ」すら、この国の男たちはもち合わせてこなかったのです。それでも、そんな半人前の男を女が許し、それこそ靴下まで履かせてあげて支えていたからこそ、家族はなんとか維持されていました。

そんな家父長制時代の弱い男みたいにはなりたくないと考えたからこそ、結婚後、二人の娘に恵まれると、外で働いていた妻に代わって家事や育児をやりました。それは男としての責任をきちんと果たすためです。

本格的に身体を鍛え始めたのも、妻の最初の妊娠がわかって、「いよいよ自分も父親になるんだ」と自覚したときでした。父親として、生まれてくる子どものために何をしてやればいいのか、何ができるのかを考え、まずは、いざというときに身体を張って子どもを守ってやれるだけの肉体をつくることが大事だと思ったのです。

ですから、ぼくは、娘たちの前で母親のように振る舞ってきたわけでもありません。家庭の中にお母さんが二人いるような状態にするのではなく、あくまでも父親として、男として娘たちと接してきました。

自分のことをマッチョだと自負していますけれども、マッチョを突き詰めるとフェミニズムになるはずです。本当に強い父親というのは、しっかりと自立し、他人を思いやることができ、いざというときは相手の弱い部分も補える存在のことです。

ぼくが若い頃にあこがれていたのは、太宰治や坂口安吾などのいわゆる無頼派作家たちでした。自分が子育てにかかわるようになるなんて、結婚するまではまったく想像もしていませんでした。素敵な女性にモテモテだった太宰みたいになりたくて作家になったはずなのに、「なぜ？」という気分になったこともあります。

しかし、肉体的にも精神的にもマッチョであろうとするならば、仕事で疲れて帰ってくる妻に家事をやらせるわけにはいきません。身の回りのことぐらい自分でできないとダメだし、家事ぐらいこなせて当然です。

共働きの夫婦がいて、夜、同じくらいの時間に帰宅したとしましょう。そのとき、夫が「ああ、疲れた」と言って妻に食事をつくらせたとしたら、その人は弱い男としか言いようがありません。疲れているのは妻も同じです。本当に強い男は、そこで甘えたりはしないものです。

増える「へにょへにょ君」

——男は男らしく生きるべきだし、真の男らしさとは、昔の男のように家庭の中で威張ったり、妻をこき使ったりすることではなく、父親としての責任を果たすことなのですね。

しかし、最近は、結婚どころか恋愛にも興味を示さない草食系の男性が増えています。まったく女性とつき合わない「絶食」という言葉も使われるようになりました。知り合いの独身男性に聞いてみたところ、「女性が〝草以下〟になったからだ」と言われてしまいましたが……。

頭はいい、性格も素直、しかし覇気がなくて、自分の殻にこもりがちで、恋愛にもおくての草食系。そういう「へにょへにょ君」は確かに増えています。

知り合いの女性たちから「うちの息子を一人前の男にしてほしい」と頼まれることがあります。ぼくは、毎年のように自分の船で航海に出ています。最近は、海外に行き、現地でヨットをチャーターすることもあります。それを知っていて彼女たちは「ぜひ、うちの息子を預けたい」と言うのです。「乗せてもいいけど、一人前の男にして返すか、死体で返すか、どっちかだよ」と冗談で応じています。しかし、実際にはそんなへにょへにょ君を船に乗せたりはしません。

海上という非日常に身を置くと、確かに自分が人間としてリセットされるような感覚になります。ですから、航海でへにょへにょ君をたくましく変えてほしいという母親の気持ちはわからないではありません。

しかし、海に出るというのは、とてつもなく危険な行為です。世の中には、ヨットやクルーザーはお金持ちの優雅な趣味だと思っている人が多く、実際、そういう描き方をした小説などもありますが、現実の航海は鍛え抜かれた野人の世界です。

しかも、航海では乗組員のチームワークが第一です。そこに素人のお荷物がまぎれ込むと、チームの足並みが乱れ、危険度が増します。

それはともかくとして、へにょへにょ君の増加はとても心配なことです。少子化の進行は、草食系のへにょへにょ君が増えていることとも関係があるのではないかと思います。

おそらく彼らは、女性とつき合うのは面倒くさい、お金もかかるし、時間ももったいない、恋愛するぐらいなら、一人でゲームをしたり、友だち同士で遊んだりしている方がいい、と思っているのでしょう。しかし、女性だって、そんな頼りにならない弱い男性をパートナーに選びたくはないでしょう。

「絶食系」のへにょへにょ君が言う「女性が草以下になった」という発言も、とんでもない間違いです。たぶん、その男性はいい出会いをまだ経験していないだけでしょう。もしかすると、自分がモテないことの言い訳として、世の女性のことを悪く言っているのかもしれません。

日本の女性は美しくなりました。「草」どころか、「花園」になったと認識すべきです。

ぼくは一九五七年生まれですが、自分が小学生だった頃のクラスを思い出すと、かわいい女の子もいたし、そうでもない女の子もいたように思います。男の子もそうでした。ハンサムな子も、そうでない子もいた。要するに、容姿のよし悪しにはかなりのばらつきがありました。

しかし、娘たちの世代の子は、全体的に見ても、ずいぶん容姿が整っているように思います。そのことは、学校の授業参観に行ったときに実感しました。特に次女のクラスを見たときは、タレント並みにかわいらしい子がクラスに何人もいたので、びっくりしました。次女は今、二十四歳なのですが、家につれてくる友だちは美人ばかりです。日本の女性は本当に美しくなったとつくづく感じます。

草食系や絶食系の男性がやたらと目立つようになったのは、一つには、お見合い結婚が減ったからかもしれません。

戦前や戦後しばらくの頃までは、恋愛結婚はまださほど多くなく、その代わり、おくての男性がいても、親戚や周囲の人たちがよってたかって嫁探しをして結婚させていました。女性の多くも、親や親戚が決めた結婚を当たり前のことと受け止めていました。

言わば、社会が若い男女に対して「結婚しろ」という圧力をかけていました。結婚した夫婦には「子どもを産め」という圧力もかかりました。

ところが、今はもうそんな社会的圧力はなくなりました。それもあって草食系はいつまでも草食系のまま、あるいはついに絶食系となって、近くに美しい花園があるのに、ただそれをぼんやりと眺めているのではないかと思うのです。

ぼくにとっての女性とは

――鈴木さんにとって、女性とはどんな存在ですか。男性の中には、女性は話

が長いから面倒くさいと思っている人も多いようですが。

女性ほど面白く、かわいらしい存在はありません。妻と娘二人に囲まれて暮らしてきましたから、なおさらそう感じてしまうのかもしれませんが、妻のことも娘たちのことも、本当にかわいらしいと思っています。彼女たちと一緒にいると、いつも心をくすぐられている感じがします。

女性の話が長いのは、彼女たちが「しゃべる」という行為そのものを好んでいるからです。他方、男性は「問題解決」を好みます。女性が何かをしゃべり出すと、きっと何かについて相談されているのだろうと思い込み、彼女がどんな問題を抱えているのか、それはどうしたら解決できるのか、ということをつい考えてしまいます。

ところが、女性の方は別に何かを相談したいわけではなく、ただ話を聞いてほしいだけだったりします。そうすると、話はとりとめもなくなり、男性はそのうち退屈してうんざりする。これは、男女のコミュニケーションによく見られるすれ違いですが、ぼくに言わせれば、その違いを楽しめばいいのです。
ぼくの妻も例外ではなく、話が長いタイプです。「友だちの山本さんの話なんだけど」と切り出したのに、次第に山本さんのお母さんの話になり、そのお母さんが趣味でお花を習っていてどうのこうのといった話になり、といった具合に延々としゃべり続けることもあります。
そんなとき、ぼくは黙って聞いていますが、娘たちの方が我慢できなくなるらしく、「もう、何の話なの!」と口を挟んだりします。すると、妻の方は「これから言おうと思ってたのに……」と困った顔になり、家族四人で大爆笑。とても楽しいひとときです。妻の話が長くなったときは、そういうのが女性らしさなのだと受け止めて、話につき合ってあげればいいのではないでしょうか。

——初恋の人と結婚したと聞きました。かなりの肉食系ですね。

小学五年生の新学期を迎えてすぐのこと、ぼくのクラスに女の子の転校生がやってきました。

先生に促されて自己紹介する彼女の顔を見て、ぼくは「ここにいるのは、将来の妻だ」という天啓を受けました。一目ぼれしたのです。

しかし、当時のぼくはものすごく繊細で気が小さく、彼女に気持ちを伝えることなどできませんでした。なんとか二人の距離を縮めることはできないものかと、あの手この手を探り、二人で学級委員をやろうと思いつきました。そこで、委員を選ぶ投票の前に、仲間たちに根回しをしたところ、めでたくそろって委員に選出されました。

五年、六年と、ぼくと彼女は二度続けて一緒に委員を務めました。もっとも、彼女は事前の選挙活動については知らぬままでしたから、「なぜ、いつも光司君と一緒なのかなあ」と迷惑そうでした。「学級委員の職務をまっとうしよう」と勝手な理由をつけて彼女の家に押しかけたりしていましたが、彼女の困惑は増すばかりだったらしく、初恋の成就は逆に遠のいていきました。

その後、中学では三年のときに同じクラスになりましたが、高校で進学先が分かれることになりました。卒業と同時に関係が消滅するという事態だけは避けなければならないと考えたぼくは、同窓会の幹事を一緒にやるという作戦を立て、またしても選挙活動を展開、見事、二人そろって幹事役を務めることになりました。

「なんで、いつも、光司君とばっか」と彼女は首をかしげていましたが、「同窓会の計画を立てよう」と、もっともらしい理由をつけては喫茶店に呼び出したりしていました。しかし、やはり距離は埋まらず、大学に入ってからラブレターを送っても、「光司君とはずっと友だちでいたい」とふられてしまいました。

大人になってからの二人は、それぞれ別の相手と恋愛していた時期もありました。でも、どうしても彼女をあきらめられなかったぼくは、自分が結婚適齢期と考えていた二十六歳になったのを機に、彼女に猛烈なアプローチをかけ、強引に結婚を承諾させました。

男女が奏でるハーモニー

——結婚して生活は変わりましたか。

その頃、ぼくは小説家としてまだデビューしていませんでした。小説家になるための修業はしていましたが、いろいろなアルバイトをして生活費を稼ぐ、今で言うフリーターでした。

ですから、彼女を口説くにあたって、「自分たちが一緒に暮らせば、素晴らしい未来が待っている」と言葉を尽くしましたが、「一瞬先は闇かもしれない」とつけ加えるのも忘れませんでした。

しかし、小説家として売れたら、結婚しようとは言いませんでした。先に結婚して、二人で力を合わせて目標に向って進む選択をしました。この選択は正しかったと実感しています。なぜなら、結婚したことによって、圧倒的にパワーが出るようになったからです。もし、あのとき「小説家として売れたら、結婚しよう」と言っていたら、ぼくはベストセラーを出すどころか、デビューすらできていなかったかもしれません。

これは、いわゆる内助の功とは違います。妻が一方的に助けてくれたのではなく、夫婦が強く結びつくことによって、お互いがお互いに力を与え合えるようなハーモニーが生じたのです。

友人に弁護士がいます。その息子さんも弁護士なのですが、彼が司法試験を目指していたとき会って話す機会がありました。「彼女はいるの?」と聞いたところ、「います。司法試験に合格したら結婚しようと思っています」と彼は答えました。

「今、結婚して二人で試験合格を目指した方がいいよ。その方が力が出るんだよ」とアドバイスしました。彼はすぐに結婚し、翌年、司法試験に合格しました。この場合も、彼の結婚相手が内助の功を発揮したというより、二人が相互に支え合ったのです。

――男女の結びつきとは、単なる「1＋1＝2」とは違い、それ以上の効果を生み出せるものだということですか。

その通りです。以前、航海で長崎に立ち寄ったとき、オランダ人の夫婦と出会いました。そのカップルは五年前にオランダを出て、世界中をヨットで回っていると話していました。ニュージーランドでも、そういう男女カップルと知り合いました。

二人で長く、のんびりと航海する場合、最もいいチームワークを発揮するのは、気の合った男女のペアです。男二人でも、女二人でも、あまりうまくいきません。長く一緒にいると、だんだん険悪な雰囲気になってしまうことがあります。

船という密室の中で、クルーの和が乱れると、これは大変です。以前、ぼくの知り合いのヨット乗りたちが大西洋と太平洋を横断するという大航海に出ました。男三人のクルーでしたが、彼らにとってこの航海は長年の夢でした。

ところが、三人は大西洋を横断し、太平洋を日本に向けて進んでくる途中、あともう少しで日本に戻ってこられるという最終盤で仲たがいしてしまい、ミクロネシアのヤップ島に着いたところでチームは解散。ヨットはプロの船長に預けて日本に運んでもらい、自分たちは飛行機で帰国するという残念な結果に終わりました。そういう例は枚挙にいとまがありません。同性でクルーを組んで長く航海するのは、それぐらい難しいのです。

よく家族は、同じ船に乗り合わせたクルーにたとえられます。これは単に比喩でそう言っているわけですが、実際に家族はいいクルーになりえます。ぼくが親しくしている、ある日本人一家も、夫婦と子ども二人で世界中を航海しています。これも、夫婦がいいチームワークを発揮しているからこそできることです。

オスの歴史はメスより三十一億年短い

――そろそろ本題に入っていきましょう。そもそも男とはどんな存在なのでしょうか。生命の歴史をさかのぼって説明していただけますか。

せっかくなら宇宙の始まりまでさかのぼって説明したいところですが、長くなるので、ここでは生命の歴史にそってお話ししましょう。

地球上に生命が誕生したのは、およそ四十億年前と言われています。では、生命の定義とは何でしょうか。定義は二つあります。一つは、体の内側と外側を分かつ膜をもっていて個体を成していること。もう一つは、自分を複製できることです。

ただ、膜が先にできたのか、複製する能力が先だったのかというのは難問です。仮に膜が先だとしても、その場合、膜を複製する遺伝情報がＤＮＡに含まれていなくてはならず、そのＤＮＡは膜で守られていなければ、バラバラにほどけて体外に出ていってしまいます。ニワトリが先か、卵が先かみたいな話です。

偶然によって膜とＤＮＡが同時にできたと言う研究者もいますが、それはちょっとやぶれかぶれの論法ではないかという気もします。生命誕生のメカニズムにはもっととてつもない秘密が隠されているとしか思えません。

それはともかく、太古の生命も、自分と外界とを隔てる膜をもち、自分を複製するＤＮＡ（ＲＮＡ）をもっていました。もちろん、今、陸上で見られるような動植物をイメージしてはいけません。地球に最初に生息した生命は、目に見えない小さなバクテリアです。

さて、ここから生命の歴史は大きく二つの流れに分かれます。一つは植物、一つは動物の歴史です。植物と動物の違いは何か。答えは簡単ですね。「動くか、動かないか」ということです。

植物は細胞の中に葉緑体をもっています。この葉緑体によって光合成をし、栄養分をつくり出します。だから、植物は動かなくても生きていけます。じっとしていても、太陽の光を浴びることさえできていれば、水と二酸化炭素を使って炭水化物をつくれます。

では、動物はどうでしょうか。動物が細胞の中にもっているのは、ミトコンドリアです。これは細胞を動かすエンジンのようなものです。このミトコンドリアがあるおかげで、動物は自ら動くことができます。植物と違って、自分で栄養素をつくり出すことはできませんが、自分で動き回ってエサを見つけることができます。

植物は受け身的な生物です。たとえば山火事が起きて、炎がどんどん近づいてきても、植物は逃げられません。焼かれて死んでしまいます。

他方、能動的な生命である動物は、危険を察知したら移動して自分を救うことができます。生存するために動くこと。これが、動物が長きにわたってもち続けてきた特性です。

もっとも、動物がすぐに、今のような多種多様な種に分かれて繁栄していったわけではありません。太古の動物は微生物ばかりでした。微生物は細胞分裂によって個体を複製します。これを無性生殖といいますが、要するに自分と同じものをコピーして種を増やしていたわけです。

それが大きく変わったのは、約九億年前です。それまでの無性生殖とは違い、オスとメスという二つの性が出会い、遺伝子をかけ合わせる有性生殖をし始めたのです。

無性生殖は、親が自分のクローンをつくっているだけですので、生命としての強さも、基本的に親から子へとそのまま引き継がれます。

これに対し、有性生殖では、オスとメスがそれぞれ遺伝子を半分ずつ出し合って、子に受け継がせます。この複製方法によって、動物の生命力は飛躍的に強くなり、また種の多様性も爆発的に増しました。地球上をさまざまな動物が闊歩するようになったのは、有性生殖ができるようになって以降のことです。

イカれた野郎どもが地球を小さくした

――動物はオスとメスに分かれたことによって、その世界を広げたのですね。

植物と動物が分かれ、動くことを運命づけられた生物が動物です。その動物の中で、メスから枝分かれして生まれたのがオスです。ということは、まったく動かない生物である植物の対極がオスだと考えることもできるでしょう。メスやエサを求めて動き回り、強い存在へと成長していくことこそ男の使命でしょう。

二〇〇六年三月、ぼくはヨーロッパ各地を講演旅行しました。フランス、ドイツ、イタリアの三カ国を回ったのですが、ドイツのミュンヘンを訪ねたとき、現地で働く若い日本人女性に案内されて、ドイツ博物館を訪ねました。そこには、船、気球、潜水艦、飛行船、飛行機といったさまざまな乗り物の歴史に関する数々の展示品が並んでいました。空を飛ぼうとして失敗した初期の飛行機の残骸や、そのときの事故の様子が映っている写真も展示されていました。

ぼくは乗り物が大好きなので、興味深く展示に見入っていました。すると、一緒に見ていた女性がこうつぶやいたのです。

「男ってバカですよね。でも、もし世の中に男性がいなかったら、私たちはジェット機で空を飛んだりできなかったでしょうし、私もミュンヘンで働いていなかったでしょうね」

なるほど、言われてみればその通りで、気球にしても飛行機にしても、なんとか発明して空を飛んでやろうと考えるのは、みんな男たちです。男はいつの時代でもバカなことを考えます。空を見れば飛びたいと考え、船があれば、ヨーロッパから大西洋を横断してインドに到達しようと思い立つ。世界を見て、好奇心を抱き、危険を顧みず、なんとか願望を実現しようとする。こういうことをしでかすのは、いずれも頭のネジが一、二本飛んでしまっているような

「イカれた野郎ども」です。

しかし、彼らの命をかけた試行錯誤があったおかげで、地球は小さくなり、ぼくたちはどこへでも行けるようになったのです。ぼくも頭のネジを何本か飛ばして、ああいったイカれた野郎に近づきたいものだと常々思っています。

ただ、イカれているといっても、彼らは、自分たちの野望を成し遂げるために、世界の仕組みを知ろうとしました。飛行機の発明は、鳥はどうやって飛ぶのかという研究から始まりましたし、ヨーロッパから西回りでインドに向かうコロンブスの航海は、地球は丸いという仮説の検証を含んでいました（もっとも、コロンブスは期せずしてアメリカ大陸に到達してしまったわけですが）。

歴史上の冒険者たちは、世界の仕組みの、少なくとも一端を知ろうとしていたのです。

人類は何を求めて世界に散らばったのか

――つまり、歴史をつくり、科学文明を発達させたのは、そういう冒険心に満ちた男たちだったということですね。しかし、そもそも人類はなぜそうやって遠くへ、遠くへと行こうとしてきたのでしょうか。ほかの動物はそんなに移動しないと思うのですが。

人類は、アフリカ大陸で誕生し、そこからヨーロッパ、ユーラシア大陸、さらには南北アメリカ大陸へと広がっていきました。なぜそんなに長い旅をして移動を続けたのか、とても不思議です。「食料を求めて移動した」という一見もっともらしい説もありますが、それもちょっと違うのではないかと思います。

ぼくのデビュー作『楽園』は、南太平洋のポリネシアを舞台の一つとしています。ですから、あの小説を書くときにいろいろなことを調べたのですが、ポリネシアの人々は、ユーラシア大陸の南に突き出したインドシナ半島（東南アジア）の辺りから、船に乗って海へと漕ぎ出し、フィリピン周辺の島々を経て、ポリネシアにたどり着きました。

つまり、彼らは常に無人島から無人島へと渡っていったわけですが、食料を求めてそんな移動をするでしょうか。無人島に行くというのは、食うや食わずのサバイバルが始まるということです。着いた島に食べ物や飲み水が豊富にあるかどうかは行ってみないとわからないわけですから、非常にリスクの高い行為です。食料を探すのであれば、大陸を移動する方がよほど安全です。

しかし、ポリネシアの人々は最終的に、今はチリ領となっているイースター島まで渡っていきます。イースター島は巨大な石造彫刻のモアイ像でもよく知られていますが、あれをつくったのもポリネシアの人々です。

――ものすごい長旅ですね。なぜそんな旅を続けられたのでしょうか。

旅の秘密を解くカギは、言語だと思います。ポリネシアの人々がユーラシア大陸から島伝いに移動していったのは、言語によってつくられた神話のようなものに導かれたからではないかと思うのです。

人類は唯一、言語を操る生物です。アフリカで誕生した現生人類は、その後アフリカからヨーロッパ、中東、アジアへ移住し始めました。フランスで発見されたクロマニョン人が、ぼくたち現代人の直接の先祖だと言われていますが、ヨーロッパにはネアンデルタール人という別系統の種もいました。ネアンデルタール人は滅んでしまいますが、クロマニョン人は生き残り、その一部がユーラシア大陸を東へと向かっていったのです。

では、ネアンデルタール人はなぜ滅んだのでしょうか。彼らの脳の容積はクロマニョン人のものよりも大きかったとされています。また、彼らは火や道具も使いこなしていました。しかし、そのネアンデルタール人がもっていなくて、クロマニョン人がもっていたものが、一つありました。それが言語にほかなりません。

ネアンデルタール人も、集団の中で合図を交わす程度のことはできたようですが、その能力はチンパンジーやゴリラなどの類人猿とあまり差がなく、言語と呼べるようなものではありませんでした。

フランスのラスコー、スペインにはアルタミラという洞窟があり、どちらもクロマニョン人が描いた壁画で有名です。それらの絵を見ると、ぼくには、クロマニョン人が言語を生み出す練習をしていたように思えてなりません。壁画には、馬、ヤギ、牛、シカなどの動物が描かれています。そういった何種類もの動物をまずは絵に表わしてみることで、それぞれが異なる種であることを認識し、それから、馬やヤギや牛やシカに相当する概念を生み出していったのではないかと想像してしまいます。

つまり、クロマニョン人には言語を生み出す脳があり、ネアンデルタール人にはそれがなかった。クロマニョン人は言語によってコミュニケーションができる人類になり、ネアンデルタール人はそうならなかった。そこが最大の違いだったのではないかと思います。

言語は神話を生み出します。神話とは、情報でもあります。たとえば「東へ向かえ。そうすれば素晴らしいものと出会える」という神話があったとします。それは根も葉もないつくり話だったのかもしれませんが、信じる人々にとってはロマンに満ちあふれた重要な情報になります。

われわれの先祖は、それぞれ神話という名の情報に突き動かされて、あるグループはユーラシア大陸を東へ東へと移動し、またあるグループはベーリング海峡を渡ってアメリカ大陸を南下し、さらにあるグループはポリネシアの海へと漕ぎ出していったのではないかと思います。そして、行った先でまた新たな情報を獲得し、旅を続けたのです。

ちなみに、イースター島の人々はロンゴロンゴ文字という文字を使用していました。他のポリネシアの人々は文字を使っていなかったのに、イースター島には文字文化があったのです。

しかも、彼らはそういった高度な文明を築いていたにもかかわらず、さらに東の南米大陸には向かいませんでした。ポリネシアの人々はイースター島で旅を終えたのです。おそらく、南米には北回りで来た人々が先に来て暮らしているると察知して、渡らなかったのだと思いますが、ならばどうやって察知できたのか、とても不思議です。

もう一つ余談をつけ加えておくと、南北アメリカ大陸で暮らすようになった人々のほとんどは文字をもたず、文明を花開かせることはありませんでしたが、赤道にほど近い中米にはマヤ文明が起こり、文字が使われていました。

マヤの人々はピラミッドもつくりました。ピラミッドはエジプトのものの方が有名ですが、これら二つの文明はほぼ同じ緯度の地域で栄えました。人類史を学んでいて楽しいのは、こうした不思議な符合に気づいたときです。

権力は、情報を握る男によって生み出された

――話を戻しますね。言語や文字によって伝達される情報の扱い方も、男と女とでは違ったのでしょうか。

情報は、広い世界へ出ていくための武器であり、新たな世界で獲得する報酬です。そういうものを求めたがるのは、やはりどちらかというと男性でしょう。

少し話の角度を変えて、富の蓄積について考えてみましょう。

通説では、人類は、その日暮らしの狩猟採集の社会から、定住型の農耕社会へと移行し、やがて富が蓄積されていくことによって権力が生まれたと言われます。日本の場合であれば、稲作が始まり、収穫したコメを多くため込んだ人が権力者になっていったということです。

しかし、これは本当でしょうか。

富の蓄積に関するキーワードは、やはり情報です。言語による情報を独占した人たちが富を蓄積するようになったと考えるべきです。

たとえば、エジプトでは長い間、ナイル川の氾濫に翻弄され、人々が苦しんでいました。しかし、あるとき川の氾濫を事前に予測できるのではないかと考えた人たちが、天体の動きを観察し、暦をつくりました。暦をつくるためには文字が不可欠ですし、数学も発達させなくてはなりません。

そうした知識と暦から得られる情報を独占した人たちが、氾濫が起きる時期を予測し、それを神のお告げだと言ってみんなに伝えれば、あがめたてまつられる存在となります。これが権力の誕生です。つまり、情報を握った一部の人たちが権力者になっていったのであって、富の蓄積から権力が生まれたのではありません。

そして多くの場合、そういうふうに文字や情報を独占するのが男性だったからこそ、世界各地の古代社会では男性が権力者の座についていたのではないかと思います。もちろん、例外的に女王が国を治めることもありましたが、その周囲は必ず男性の重臣や側近で固められていたはずです。

富の効果は限定的で、情報の効果は無限です。

考えてみてください。タンスの中に一億円ため込んでいるおばあさんがいるとします。この人は権力者になれるでしょうか。一億円といえば大金ですが、ただのお金持ちのおばあさんです。周囲から多少はちやほやされるかもしれませんが、だからといって権力者にはなれません。せっせとモノをためることに精を出せば、ゴミ屋敷となるのが関の山です。

しかし、ここに、今は一文無しではあるけれども、未来における規則性を発見する能力をもっている若者がいたらどうでしょうか。彼は巨万の富を築くとともに、権力を動かすこともできます。自ら権力者の地位に上っていくことも不可能ではないでしょう。

――しかし、現代の男性の中には、かつての男たちのように情報を武器に世界

に出ていくような生き方を好まない人たちも増えているようです。

外の世界に乗り出して冒険する男と、安定を求めて生きる女性というカップルのバランスがちょうどいいのだと思います。男女がともに冒険してしまったのでは、共倒れに終わるおそれがありますし、男女がともに内にこもっていたのでは、人類の発展はありません。

しかし、男にとって冒険的に生きるというのは、そうたやすいことではありません。冒険は危険をともないますし、失敗のリスクもあります。それに、もともと男は弱いものなのです。

第二章
みんな初めはへにょへにょ君

イブから分かれたアダム

――先ほど、「動物の世界では、メスからオスが枝分かれした」というお話がありました。どういうことですか。

動物がオスとメスに分かれる前、すべての生物はメスだったと考えられています。旧約聖書の創世記には、神がアダムの肋骨からイブをつくり出したと書かれていますが、生物学的には逆なのです。生物の基本仕様はメスであって、オスはそこから枝分かれしたものです。

このことは、生物としての男は女に比べて不安定な存在だということも意味しています。なにしろ、メスの歴史は生命が誕生した四十億年前までさかのぼれるのに対し、オスの歴史は有性生殖の観点から考えると、わずか九億年ほどしかないのです。生命の根幹はメスであり、オスはメスから派生したものにすぎません。

そのため、遺伝子的に見ても、女性がほぼ完成品の人間として生まれてくるのに対し、男性は未完成品として生まれてきます。福岡伸一さん（青山学院大学教授）は、著書『できそこないの男たち』（光文社新書）の中で、男は生物学的に見て弱い存在であり、だから寿命が短く、病気にかかりやすく、精神的にも弱いのだと述べておられます。

そのように男はもともと弱いものですから、放っておくとますます弱くなります。その意味では、へにょへにょ君が増えていくのも当然と言えるかもしれません。性としては、女性は比較的どっしりと安定していて、男性の方はうつろいやすいのです。だから、男の子は放っておいたら、中性的になってしまう。特に文明が成熟していくにつれて、男性は女性に近づいていきます。

フランスの作家、シモーヌ・ド・ボーヴォワールは「人は女に生まれるのではない。女になるのだ」と述べましたが、それも逆です。人は男に生まれるのではなく、本人の生涯をかけた努力によって男になっていくのです。

――今の日本には「イカれた野郎ども」はもういないのでしょうか。

いることはいます。ぼくの友だちに昔、博多の暴走族で「特攻」をやっていたH君という男がいます。特攻というのは、集団の先頭をバイクで走り、赤信号を突っ切っていく役割を果たすのだそうです。

「何のためにそんなことをやるの?」とぼくが聞くと、「集団の流れをつくるため」とH君は答えました。確かに、赤信号を守って止まっていたのでは、暴走族ではありません。

しかし、そうやって先頭を走り続けるのは、かなり危険な任務です。実際、H君は、今までに二回、クルマにはねられたと話していました。そのうち一回は、信号機よりも高くはね飛ばされたそうです。「でも、やらないと示しがつかないんですよね」と彼は言っていました。要するに見栄とハッタリの世界なのです。

　暴走族の行動は法律違反ですから、冒険的というと語弊があるかもしれませんが、その種の見栄とハッタリは男の世界につきものです。

　ある年の夏、ぼくは長崎で豚角煮まんじゅうを買い込んで航海に出ました。まんじゅうは冷凍だったのですが、冷蔵庫には入れず、そのまま置いておきました。そのため、何日かたって、クルーたちの間で「あれを食べよう」という話になったとき、まんじゅうはすでに夏の日差しにやられて傷んでいるようでした。

　しかし、ここからが男の世界です。ぼくは「よし、俺が毒味してやる」と言い、一つつかむと食いつきました。その瞬間、腐っていることはわかったのですが、そのまま食べてしまいました。

　理由は二つあります。一つには、腐った肉を食べたら自分の身体はどうなるかという実験をしたかったからです。案の定、小さな島に上陸した途端、下痢に襲われましたが、ただそれだけです。その夜は、島民たちと酒を飲んで大いに盛り上がりました。
もう一つの理由は、野郎どもが見ている前で、船長としての強さを見せておかないといけなかったからです。まったくバカバカしい話ですが、男という生き物は、自分が食べられないものを食べる人を目の当たりにすると、けっこうビビるのです。食べた人に対して畏敬の念をおぼえます。だから、ぼくもあえて腐った豚角煮まんを食べてみせて、鈴木光司は筋肉だけじゃなく内臓も強いんだぞということを誇示しておく必要があったわけです。

――男の世界は大変なんですね。滑稽でもあり、ちょっとかわいらしくもありますが。

まさに「男はつらいよ」ですね。
前章で、男の役割は、自分のテリトリーを広げ、未知の世界に出ていって情報をゲットすることだと言いましたが、これはなかなかしんどいことです。そのためには意地も張らなくてはいけません。そうしたしんどさに耐えかねて、男であることをあきらめてしまう人たちの気持ちはわからなくはありません。潔く、男になることをあきらめて、別のフィールドを求める方がまだしも活躍の場は広がるというものです。

最近、引きこもりの男性が増えているといいますが、引きこもりはそもそも男性についていう言葉です。

本当は外に出ていって情報をゲットしなくてはならないのに、それが怖いから引きこもる。あるいは過去に失敗をしたことがあり、そのことが忘れられずに引きこもる。

そんなふうになってしまうのは、ほとんどが男性です。すべての男性は引きこもり予備軍だと言ってもいいかもしれません。

引きこもりとまではいかなくても、男はやたらと故郷に帰りたがります。ぼく自身もかつてはそうでした。東京の大学に通い始めた頃は、久しぶりに故郷の浜松市に帰ったときは、なんとなくホッとしたものでした。

旅に出ることを運命づけられているにもかかわらず、故郷が忘れられず、安心感を求めて、つい女性の方に戻りたがってしまう。それもまた男という、かよわき存在の本能なのではないかと思います。

不平等な世界を生きるオスたち

——女性には「女だから」という逃げ道が用意されていますが、男性はそうはいかない。それどころか「男のくせに」とプレッシャーをかけられる。だから、しんどくなって、引きこもってしまうのですね。

人間に限らず、オスの世界は過酷です。メスをめぐってのオス同士の争いは厳しいものです。

たとえばマウンテンゴリラの群れでは、オスのボスが二十匹のメスと交尾をします。ほかに十九匹のオスがいたとしても、彼らはメスと一切交尾ができません。自分の遺伝子を残すためには、ボスに戦いを挑んで勝つしかないのです。勝てば、新たなボスになれます。負けたボスは群れを追われ、放浪の末にどこかで野垂れ死にします。

そうやって新たなボスになったオスは、まず群れの中の乳飲み子を殺します。それは元ボスの遺伝子を断つためではありません。その証拠に、すでに成長している子どもは生かします。

乳飲み子を殺すのは、母親を発情させるためです。赤ちゃんに乳を与えているメスは発情しないため、まず赤ちゃんを取り上げるのです。

このようにマウンテンゴリラの世界は、オスによるメスの総取りです。ライオンの群れもそうです。勝者がすべてを手に入れ、敗者には何も残らない、オスにとって実に厳しい世界です。

戦いの勝ち負けではなく、見た目で優劣をつけられてしまう動物もいます。

動物行動学者の竹内久美子さんの著書で読んだのですが、ツバメのオスは尻尾の長さで、モテる・モテないが決まるそうです。尻尾の長いオスはモテる、中ぐらいの長さのオスはふつう、尻尾の短いオスはモテないというふうに。

尻尾の長いオスとカップルになったメスは、尻尾の長さが中ぐらいのオスや尻尾が短いオスがアプローチをかけてきても、まったく相手にせずに無視するのですが、尻尾の長さがふつうのオスや尻尾が短いオスとカップルになったメスは、尻尾の長いオスから言い寄られると、すぐになびいてしまうそうです。要するに、ここでも勝者総取りという動物界の原則は生きているのです。

——人間の世界は、さすがにそこまで過酷ではありませんね。日本や多くの国々は一夫一婦制ですし。

確かに人類は一夫一婦制がふつうです。しかし、これは男性側からの要求でそうなったのだと思います。勝者総取りというあまりにも不平等なシステムに我慢できなくなった男が、女性に対して一対一の関係を求めたのでしょう。

女性にしてみれば、一夫一婦制でも一夫多妻制でも夫に恵まれるわけで、変わりません。一年に一人ぐらいのペースで子どもを産むだけです。

一夫一婦制というのは、男性側の強い要求を女性が受け入れた結果としてできたシステムではないかと思います。

ただ、一夫一婦制は、結婚と出産にかかわるシステムであって、恋愛ではやや事情が異なります。人間の恋愛においても、やはり競争が繰り広げられています。

「くらたま」の通称で知られる漫画家の倉田真由美さんが指摘していることなのですが、人間の男女の世界は、四層のヒエラルキーによって成り立っているそうです。一番上にいるのはモテる男、二番目はモテる女、三番目がモテない女で、一番下がモテない男です。

そうすると、巷の恋愛はどうなるかというと、結局、モテる男の総取りに近いことになります。モテる男が、モテる女もモテない女も取ってしまい、モテない男だけが残ります。しかし、それではモテない男もつらいので、モテない女になんとか近づこうとします。そのため、モテない男はモテない女のカモにされることが多くなる。

ぼくも最初はへにょへにょだった

――恋愛に積極的になれない草食系のへにょへにょ君が増えていくのがわかるような気がします。ところで、鈴木さんはどんな少年時代を送ったのですか。子どもの頃から肉体的にも精神的にも強かったのですか。

ぼくも昔はへにょへにょでした。自分のことを弱い人間だと認識していましたし、こんなに気が小さくてやっていけるのかなという不安も抱えていました。

たぶん、ほとんどの男の子はそうだと思います。自分のことは自分にしかわからないし、自分に自信をもつなんていうことはなかなかできないものです。中には、自信満々で大口をたたく子もいますが、そういう子も内心では不安なのだと思います。むしろ、その方が、たえず自己と向き合っているという意味ではまともです。最初から勇気に満ちあふれている男なんていません。

しかし、男に生まれたからには、「今のままではダメだ」という気持ちをもち、自分のへにょへにょの部分を努力して克服しなければなりません。

ぼくは浜松市で生まれ、小学一年生までは市北部の田舎に住んでいました。周囲は田園風景で、自宅と隣の家との間に小さな川が流れていました。小さい頃は、五歳上の兄といかだをつくり、その川に浮かべてよく遊んだものです。

いかだのつくり方は簡単でした。空の灯油缶をいくつかフロート代わりに使い、上下左右から板片で挟んでタコ糸で縛りつければ、少年二人が乗っても浮力が保たれるいかだができました。

このいかだに乗り、竹の棒で川底をつつきながら川を下っていくと、やがて少し大きな川に合流します。川幅も広がり、流れも幾分速くなって、冒険心をあおられたものです。

さらに進むと、もっと大きな川に合流し、川幅も水流もダイナミックになります。しかし、子ども心にも、自分たちの力に限度があることはわかります。これ以上先に進めば、命が危ない。そう思って、ぼくたちは泣く泣くいかだから降りざるをえませんでした。

川はその先、天竜川と合流し、遠州灘に注ぎます。もはやそこは世界で最も大きな海である太平洋です。もちろん、子どものぼくには太平洋がどんな海なのかはわかっていませんでしたが、いつか大きくなったら、海に漕ぎ出してみたいと思ったおぼえがあります。

小学六年生のときに、いかだで太平洋を横断するという小説を書きました。たぶん、夢中になって読んだ『十五少年漂流記』の影響を受けたのでしょう。

しかし、だからといって、ぼくがすぐに強い男になったわけではありません。周りからはどう見えていたか知りませんが、自分は世界と対峙して生きていけるのだろうかとたえず不安にかられていました。でも、そうやって弱い自分と向き合い、乗り越えようとしていたからこそ、少しずつ強くなっていけたのだと思います。

中学に上がってからは柔道を習い始めました。といっても部活ではありません。ぼくは体育会系と勘違いされることが多いのですが、上級生の下で理不尽さに耐えなくてはならない階級社会がいやだったので、部活はやりませんでした。それに、当時は道場を備えている中学は少なく、母校には柔道部も剣道部もありませんでした。だから、学校が終わって帰宅した後、道場に通っていたのです。

町の柔道場には、けんかに強くなりたい一心でやってくる他校の番長みたいな人や、手のつけられない乱暴者もたくさんいました。乱暴者と有段者の大人たちにもまれているうちに、心身が強くなっていったように思います。

「男は冒険しなさい」という母の言葉

――そうやって自分で自分をたくましく育てていったのですか。

母の影響も大きかったと思います。「男は冒険しなさい」と言って、やりたいことをすべてやらせてくれました。

物心ついた頃からわが家には、父の二五〇ＣＣの中古バイクと母の五〇ＣＣのスーパーカブがあり、自然と乗り方をおぼえて、小学三、四年生ぐらいから、人気のない裏道でスーパーカブを乗り回していました。もちろん、立派な交通違反です。しかし、人目をはばからず、思う存分バイクを走らせたいと思って母に相談しました。すると母は、しばらく考えた後に、「だったら、夜の小学校の校庭がいい」と言いました。

夜、母とぼくはスーパーカブに二人乗りして（しかもノーヘルで）小学校に向かいました。学校に人影はなく、心ゆくまで校庭のトラックを走り回りました。まるでオートレースの選手になったような気分でした。

その様子を母はプールサイドの金網に寄りかかって見守ってくれました。わが母親ながら、かなりイカれたグレートマザーです。結局、夜の校庭でバイクを乗り回したのは二回だけでした。子どもながらに、こんなアホなことをしていたら母に迷惑がかかると考え、無免許運転は卒業しました。

その後、高校一年でバイクの免許を取り、高校三年で自動車の免許を取りました。それも母が「取りなさい」と言ってくれたからです。男が外の世界へと出ていくためには道具が必要です。バイクや自動車や船がそうです。そのことを母は教えてくれたのだと思います。

――お母さんが勇気を育んでくれたのですね。

ぼくの母は働いていて忙しかったこともあって、過剰な母性を息子たちに注ぎ込んだりはしませんでした。それは男の子を一人前に育てていくうえで、とても大事なことです。その点、ぼくは運に恵まれていました。

自力で何でもやるという習慣も、母のおかげで身につきました。

高校時代、ぼくは自分で弁当をつくっていました。最初は母から一日百五十円もらって、学食で食べていたのですが、ある日、母に内緒で弁当をつくって学校に持っていけば、昼食代をちょろまかせるんじゃないかと思いついたのです。

そこで毎朝、母の目を盗んで弁当箱にご飯を詰め、制作時間五分ほどで即席弁当をつくりました。おかずは、前の日の夕食の残り物など粗末なものでしたが、別に気になりません。

学校のクラスには、二段重ねの保温タイプの弁当をもってきている友人もおり、ご飯はほかほか、おかずもたっぷり、おまけにデザートつきでした。デザートは半分に切った夏ミカンで、彼はスプーンでそれを食べていました。

「夏ミカンをスプーンで食べて、うまいか？」

ぼくの質問に、彼はこう答えました。

「あのな、光司、これ、グレープフルーツっていうんだよ」

当時、グレープフルーツは日本に輸入されるようになったばかりで珍しく、このときが初対面でした。といっても、うらやましいともなんとも思いませんでした。こっちは昼食代を浮かすことができれば、それでよかったのです。

そんなこともあって、高校時代のぼくには遊ぶための資金が潤沢にありました。両親からは通常の小遣いを毎月五千円もらい、電報配達のアルバイトで月に一、二万円稼ぎ、昼食代をちょろまかして月に三千円、そうやって得たお金を、自分の世界を広げるために使っていました。大人たちに混じってバンド活動に精を出し、ＬＰレコードを買い、サンタナやクイーンが初来日したときは、高額なコンサートチケットを入手して東京まで遠征しました。近所のスナックには自分のボトルをキープしていました。だから、自分で弁当をつくるという境遇を自由でありがたいと思っていました。

しかし、後から知ったことですが、こっそり弁当をつくっていることぐらい、母はとっくに気づいていたのです。わかっていて、毎日の昼食代百五十円を出してくれていました。それどころか、そういう要領のよさを評価してくれていたみたいです。

もし、あのとき母がぼくを不憫に思い、母性に目覚めて、毎朝、自分の時間を削って弁当をつくり出したら、心底うんざりしていたと思います。男の子にとって大切なのは、親の庇護ではなく、自分で世界を広げる力を獲得することなのです。

結婚して子育てに積極的にかかわれたのは、弁当づくり以外にも、母の手伝いで家事をいろいろこなしていたためだろうと思います。

男の子にエネルギーを授ける母親

――お母さんは強い女性なのですね。

強い母親には二つのタイプがあります。男の子からエネルギーを奪う母と、男の子にエネルギーを授ける母です。ぼくがラッキーだったのは、母が後者のタイプだったことです。

両親が結婚したのは、終戦から二年後です。その当時の日本は圧倒的な男性不足でした。若くて健康な男性の大半は出征し、戦死する人も多くいましたし、運よく生き延びても復員してくるまでに時間がかかったためです。

そんな中、結核を患っていて召集されなかった父が母に激しく求愛し、二人は結ばれました。母の言によれば、父は何をやらせても「グズでのろまな人」

だったのに、結婚の段取りの進め方だけはなぜか「電光石火の早業」で、「断るタイミングを逸した」そうです。

結婚後、父はカリエスで数年間、寝たきりの生活を送りました。電電公社に勤めていた母は、一家の大黒柱とならざるを得ず、あり余るパワーを兄やぼくに注ぐのではなく、仕事に向けてくれました。そして、身体の弱い父を引き合いに出しつつ、「男は、いざというときには一発勝負をかけるのよ」と耳元でささやいてくれました。「安定と安全ばかりを求めていては、大きな果実は取れない」と言い、冒険を奨励してくれました。

ぼくは、幼い頃から母に「ああしろ、こうしろ」と指図されたことがありません。母は何事もすべてぼくの裁量に任せてくれました。母が命じたことといえば、バイクとクルマの免許をとることぐらいです。世の中には、先回りして子どもの未来にレールを敷き、危険を摘み取ろうとする母親もいますが、母は違いました。危険を察知する能力をぼく自身が養えるように導いてくれました。

そういう母に育てられたからこそ、ぼくは就職もしないで、作家を目指す道に踏み出すことができたのだと思います。

――お母さんは才覚のある人だったのですか。

わが家は完全な「かかあ天下」でした。母は、経済力、判断力、先見の明、甲斐性、すべてにおいて父を上回り、完全に父を尻に敷いていました。父は父でそんな母のことが大好きだったらしく、母にいくら叱られても「お前は本当にかわいい」と言ってなついていました。そんな暖簾に腕押しの態度が、また母のいら立ちをあおっていたようです。

父は九年前に八十四歳で亡くなりましたが、生前、母のどんなところにひかれたのか、父に聞いたことがあります。

父は「つる子（母の名前）は気立てがよくてな」と言いました。そのとき、会話を横で聞いていた母はすぐさま「私は猫をかぶっていただけなのに、見抜けないなんて、アホ」と反論したものです。

そんな母ですが、身体の弱い父に代わって家計を支えるほどの働き者でした。電電公社を退職した後も、近所の飲食店でアルバイトをしていました。その一方で、浜松の一等地に宅地を二カ所手に入れて、家を二軒建て、東京の港区にマンションを二戸買いました。

なぜそんなことができたかというと、株でもうけたからです。昭和三十年代の高度経済成長期、母は電電公社の薄給を生活費に回した後の残金を元手に株の売買を始め、ずいぶんともうけていたようです。戦前の高等小学校を出ただけの母に経済知識などあるはずがありませんから、友人や知人の助言を頼りに売り買いを続けていたのでしょう。一体いくらもうけたのか、ぼくにも見当がつきません。

ただ、母は人の面倒を見るのが好きで、株でもうけたお金を使って、困った人を助けたりしていましたから、人に恵まれていたのだと思います。人が集まれば、情報が集まります。まさに「金は回せ」です。

今、母は九十歳で、悠々自適の日々を送っています。ときおり、「本当は、強い男の腕にぶら下がるようにして生きてみたかった」と本音を口にすることもあります。その願望はかないませんでしたが、ぼくと兄を強い男に育ててくれたわけですから、感謝しています。

風潮に流されない

――ご自身で、強い男になるために意識してこられたことはありますか。

高校生の頃に、漠然とではありますが、「風潮に流されない」ということを意識していました。

ぼくは高校時代にロックバンドを結成しました。中学三年のとき、合唱部の顧問だった音楽の先生に入部を懇願され、テノールを担当したことがきっかけでした。以後、音楽の魅力にすっかりはまってしまい、高校に入ってからは仲間を集めて、勉強そっちのけでバンド活動に明け暮れました。ぼくにとって高校は、大学に入るための勉強の場ではなく、心おきなくバンド活動に専念するための場だったのです。

出身地の浜松はヤマハの本拠地です。駅前にはヤマハのビルがあり、一番上の階がライブハウスになっていました。収容人数百〜百五十人ぐらいのホールだったと記憶しています。

毎週土曜日になると、ぼくとバンドのメンバーたちは、そのライブハウスに行っては、演奏したり、他のバンドの演奏を聴いたりして過ごしました。大人のバンドもたくさん出演しており、控室で彼らと話すのも楽しみでした。

控室の中はタバコの煙がもうもうと渦巻いており、そこに入っていくと、「おお、光司」と顔見知りの大人がタバコの箱を放り投げてよこします。「ありがとう」と言ってポンと受け取り、一本抜き取って火をつけたら、仲間としての一体感がより高まります。実際、バンドのメンバーたちはそうやってタバコを吸い、大人たちの話の輪の中に入っていきました。

しかし、ふと考えたのです。みんなが仲間意識を共有するための必須アイテムだと思っているタバコを吸わずに、輪の中に入っていくことはできないのだろうか。別にタバコが嫌いだったわけではないのですが、なんとなく、みんなと同じことをするのがいやで、そんなふうに思ったのです。

それ以来、毎週のようにライブハウスに通いましたが、控室で大人たちからタバコを勧められても吸いませんでした。

それは、孤立を選んだということではありません。タバコなんか吸わなくても、きっと受け入れてもらえるだろうと信じていました。

ぼくが考えたのは、みんながやっていることをあえてやらず、なおかつ仲間として認めてもらうためにはどうすればいいのかということです。喫煙が仲間内で欠かせない行為なのだとしたら、敢えてその部分を欠落させ、空白を補ってあまりあるぐらい、自分のキャラクターを磨いていこうと思ったのです。

今、自分が中高生だったら、スマホを使わずに仲間たちのリーダーになろうと考えるでしょうね。
これが、ぼくの言う「風潮に流されない」ということです。けっして孤立せず、安易に同調もしないという態度をとり続けることは、人間として強くなっていくための非常にいいトレーニングになると思いました。今でも変わらずやっています。

人間に自由意志はない

――自分で「鈴木光司」という人間を磨いていったわけですね。

大学に入ってからは、人間の意志について考えました。小説家になることは決めていましたので、古今東西の文学を片っ端から読んでいったのですが、あるとき哲学的な問題にぶち当たってしまったのです。それが「人間に意志の自由はあるのか」という問いでした。ぼくは仏文科の学生でしたが、この問いにかなり悩み、哲学科のゼミにも参加していました。

人間に意志の自由はあるのか。そんなことは、ふつうの人にとってはどうでもいいことかもしれません。自由意志？　そんなものはみんなもっているに決まっているじゃないか。そう言い切る人もいるかもしれません。しかし、さんざん考え抜いて、「人間には根本的に意志の自由はない」という結論を導き出しました。

当時の思考を簡単に説明すると、こういうことです。

人は誰でも人生でさまざまな選択を迫られます。人生の岐路にさしかかったとき、右へ進むか、左へ進むかを決めなくてはなりません。

たとえば二十歳の青年が、人生における重要な選択をしたとしましょう。どの大学に進むか、専攻は何にするか、今つき合っている彼女と結婚するかしないか、そういったようなことです。

その際、選択を左右するのは、本人の生まれつきの「DNA・遺伝情報」と、経験によって培われた「性格」、そして決断を下すときの「環境」です。

一つひとつ見ていきましょう。まず生まれつきのDNAに関しては、意志の自由を働かせる余地はまったくありません。

たとえば、ぼくは、どうあがいたって百メートル走で金メダルは取れませんし、今よりもっと筋肉をつけてもプロレスラーの体格にはなれません。それは、親からの遺伝で決まっているからです。

一方、陸上選手やレスラーになった人だって、本人の自由意志だけでそうなったとは言えません。彼ら彼女らは、両親からアスリートに向いたDNAを受け継いだからこそ、スポーツ競技の世界で生きていけるのです。

環境も、言うまでもなく、自分の意志ではどうしようもないものです。とりわけ自然現象や天候は、人間の意志でコントロールできるようなものではありませんから、基本的には従うしかありません。自然に逆らって無理に意志を通そうとすると、最悪の場合、死んでしまうことになります。

では、性格はどうでしょうか。二十歳である彼の性格は、生まれもったDNAに二十年の経験の総体がプラスされることによって形成されます。そして経験とは、二十年の間に無数に行われてきた選択の積み重ねとその結果です。

だとすると、二十歳の選択は、十九歳までになされた選択の蓄積によって左右され、十九歳の選択は、十八歳までになされた選択に左右され、十八歳の選択は十七歳までになされた選択に左右され……ということになり、どんどんさかのぼっていくと、結局、お母さんのお腹の中から生まれてきたときの経験にたどり着きます。

しかし、誕生の瞬間を自分の意志で選択することはできません。すべての人間は、まったく受け身の存在として母親の子宮の中からポンと押し出されます。

ちなみにぼくは、へその緒が首に巻き付いた状態で生まれました。母の産道を経て外の世界にはい出してきたときは窒息状態で、産声をあげることができなかったそうです。

死産の可能性があったため、産婦人科医がぼくの両足をつかんで逆さに吊るし、尻を何度も叩きました。ショックで息を吹き返して、ようやく「オギャー」と産声をあげたといいます。

誕生とは、完全に受け身的な経験です。自由意志が働く余地は一切なく、生まれる本人は父母も、生まれる日時も選択することはできません。ぼくの場合は、あわや死産というアクシデントにも見舞われました。

その後は、両親から受け継いだＤＮＡだけを携え、家庭環境やその都度その都度の環境が自然界や他者によってお膳立てされます。いくつもの経験を積み、選択を繰り返しますが、その選択は必ず過去の選択に縛られています。

となると、ここから導き出される結論はただ一つ、二十歳の彼が行う選択は、彼のもとを離れ、彼の手に負えないものになってしまっている、ということです。要するに彼本来の意志を働かせる隙間はないのです

つまり、人間は意志の自由をもたない。

そう結論づけたとき、ずいぶん寂しいじゃないかと思いました。と同時に、開き直りました。「意志の自由がないのなら、何をやっても同じじゃないか」

という悲観主義に陥るのではなく、まずは自由意志など存在しないという前提に立った上で、発揮できる範囲は小さいながら、かすかに意志の自由は残っているると仮定したのです。それによって、何かを選択できるチャンスにめぐり合ったときは、絶対に意志の自由を逃さないようにしようという決意が湧き上ってきたのです。

自由を得るため、自分にルールを課す

――自由意志を働かせられるチャンスはめったに来ない、だからこそ、チャンスを大事にしようということですか。

なんとか前向きに生きていく方法があるはずだと思い、「意志の自由はない」

という命題にあえて闘いを挑むことにしました。

いかなるシチュエーションにおいても自我をきちんと保ち、自分の意志を発揮できそうな瞬間が来たら、逃さず、最大限に利用しようと決めました。

日本人は、自我を殺して周囲の雰囲気に自分を合わせるといった態度をとりがちですし、無言の圧力にも負けてしまいがちです。

しかし、意志の自由を働かせるチャンスはきわめて少ないと意識していれば、そんなもったいないことはしていられません。わずかな隙間にもくさびを打ち込み、腕力で広げて、自分の意志をそこに注入すべきです。不合理や曖昧さに身を委ねていたのでは、チャンスは失われるばかりです。

大学生の頃にふと思いついたことですが、生きる態度としてはその後も変わっていません。むしろ、小説家になってからは、この態度がより先鋭化していったようにも思います。

意識の問題は難かしくて、解明にはほど遠い状態ですが、研究が進むほど、「意志の自由」は遠のく傾向にあるといえそうです。

最近は、意志の自由を獲得するため、脳のクセを変えるということも考えています。

脳内ニューロンのネットワークと人間の意識はどちらが先でしょうか。たとえば、目の前に水の入ったコップがあったとき、ぼくたちは「よし、水を飲もう」と意識してコップに手を伸ばすでしょうか。

実はそうではありません。脳からの指令によって先に手がコップに向かって伸び、それからぼくたちは水を飲むという行為を意識するのです。脳の判断の方が早く、その後に意識が追いついていく感じです。

重大な決定をするときも、これに似ています。人間の脳には、さまざまな選択や決定を繰り返しているうちにクセのようなものができます。脳内のネットワークにその人特有のクセができてしまい、似たような思考で選択や決断を繰り返すようになります。ついつい引っ込み思案になってしまう人や、いつも優柔不断な態度をとってしまう人は、脳の働きにそういうクセがついているのです。

この脳のクセを修正するのはなかなか困難です。しかし、ぼくは、今この瞬間は自由意志を発揮できなくても、五年後、十年後には、自ら望むことを自分の意志で選択できる人間になるため、あえて脳を揺さぶる習慣をつけています。未知の体験をできるだけ多く繰り返し、そういうものから逃れないような脳のクセをつくっていって、いつか、見たことのない風景を自分の意志で見に行けるような人間になりたいと思っています。

——そうやって、いざというときのための自分をつくっているわけですか。

自分をつくるというと、肉体面のことだけを想像する人がいるかもしれませんが、脳をつくっていくことも大切です。

ぼくは、いつか太平洋を船で横断するという目標を立てており、そのためのトレーニングの一つとして、冬でも服は二枚までしか着ないというルールを自分に課しています。くだらないことと思われるかもしれませんが、もうかれこれ二十年ぐらい、どんなに寒い日でもこのルールを徹底しています。以前、講演会に呼ばれて、厳冬のモスクワに行ったときも、二枚しか着ませんでした。

これは、寒さに対する抵抗力をつけるためのマイルールです。といっても、寒さに強い身体ができたかというと、そうでもなく、ふつうの人とあまり変わらないかもしれません。しかし、寒さに動じない人間にはなってきているように思います。きっと脳がそういうふうになってきているのです。

冒険が実力を飛躍的に高める

――船やヨットは、いつ頃から始められたのですか。

船を買ってクルーズを始めたのは、『リング』『らせん』がベストセラーになった後の一九九六年、その後、一九九九年には二十四フィートの小型ヨットを買い、セーリングの世界にも乗り出しました。

最初の頃はずいぶん無茶をしました。男は未知の世界に出ていかなくてはならないと言い続けてきたぼくですが、よくもあんなバカなことをやったものだと思っています。生きているのが不思議なくらいです。

ヨットを始め、ようやく動かせるようになって一年もたたない頃のことです。初島と下田を一泊で往復する計画を立て、実行に移すことにしました。暑さの残る九月、初日の空は晴れ渡っており、下田までの航海は順調でした。明るいうちに入港して宿に泊まることができました。

ところが、翌日、無謀にも天気図も確認しないまま出港し、初島に戻ろうとしたところ、途中で空模様が怪しくなってきました。まずいなと思っているうちに空は黒雲に覆われ、雨が激しく降り出し、突風も吹いてきます。二十四フィートのヨットは大きく傾きました。どうにか帆を下ろすものの、強風にあおられて帆を小さく縮めることができず、しばらくの間、自船の位置を見失いました。

航海していて怖いのは、自分のいる場所がわからなくなることです。現在の外洋に出るような船はたいていＧＰＳを積んでおり、位置を見失う心配はありませんが、当時の二十四フィートのヨットはＧＰＳなど搭載しておらず、視界不良の中で頼りになるのはコンパスだけでした。ぼくはライフジャケットを装着し、防水袋に入れた携帯電話を首から吊るして、いざというときは海上保安庁に連絡できる態勢を整えたうえで、風雨と戦いました。

最も恐れたのは、船が横倒しになることでした。基本的にヨットは安全な乗り物で、めったなことでは横倒しになりません。たとえ転覆しても、キールという船底につけたおもりの作用で起き上がります。しかし、ディンギーみたいな小型ヨットとなると、簡単に倒れるうえに復元力は当てになりません。五感をフル稼働して状況を的確に読み、判断とアクションを繰り返すしかありませんでした。アドレナリンは出っ放し、身体は冷え切り、死をも覚悟しました。

ようやく風雨が収まり、初島にたどり着くことができたのは昼過ぎでした。

まかり間違えば海難事故につながっていたかもしれない、危険な航海でした。勇気ある行動とはとても言えません。ただうかつだっただけです。

しかし、このたった一回の初島・下田クルーズで、海に対する心構え、航海術、度胸など多くを学びました。危機をなんとか無事に乗り切ったことで、実力が一気にアップしましたし、自分が船で乗り出していける範囲が大きく広がったような気がしました。

人間が成長するためには、地道な努力を一つひとつ積み重ねる必要があります。しかし、人生はさほど長くはなく、コツコツと努力するだけでは、最終的に到達できる距離はたかが知れています。だから、ときには自分を大きく飛躍させないといけません。ここぞというときには思い切ってジャンプしてみる、そのちょっとした冒険が自分の実力を高めることにつながるのです。

——身の丈に合った行動だけをしていても、成長しないということですね。

もちろん、死に直結するような危険を冒すのはよくありません。その都度、自分の実力を確かめながら、ちょっと難しいことにチャレンジしてみるのがいいのではないかと思います。

また、そうやって敢行した挑戦が失敗に終わった場合も、そこからの教訓を情報として引き出し、次の挑戦に役立てていくことが大切です。あらゆる構造物は、壊れた後に立て直すとより頑丈になります。人間も同じです。一度の失敗に懲りて冒険をやめてしまうのは、とてももったいないことです。

経験を積むほど、慎重になる

――その後も、航海で危険に遭遇したことはありましたか。

二〇〇三年の六月、ヨットを三十一フィートにサイズアップして、初島と八丈島を往復しました。つまり今度は外洋に乗り出したのですが、帰路で台風に遭遇してしまいました。

その日は天気がよく、海も穏やかでした。台風が発生しているのは知っていましたが、九州の西方を通過して抜けると予想し、航海に影響ないと判断して八丈島を出港しました。ところが、しばらくして台風の進路が変わり、九州に上陸すると九十度方向を変えて、関東近海にやってきたのです。

午後八時を過ぎて、三宅島の沖合を航行する頃から、南西方向からの風と波が激しくなり、左斜め後方で盛り上がった波がデッキを洗い流していきました。ぼくはハーネス（安全ベルト）で身体をヨットに固定しました。そうやって操船していないと、真っ暗な夜の海に落ちて、一巻の終わりになってしまいます。

その夜は不眠不休で風浪と格闘しました。ときどき胃がのどからせり上がり、心臓が縮むほどの恐怖を味わいながら舵を握りました。そして、ようやく明け方の五時頃に、前方にほのかな灯が見えてきました。

母港のある初島の灯台かと思われましたが、早合点は禁物です。自然はしばしば人間をぬか喜びさせたうえで裏切ります。間違ってあってほしくない、初島の灯であってくれと祈るような気持ちでしたが、集中力を途切らせないで、点滅する灯に針路を合わせ、なんとか母港にたどり着きました。六月なのに身体は冷え切っており、港に船をつけると、やかんに酒を入れて火にかけ、コップで一気に飲んだことをおぼえています。

――その航海では反省点はあったのですか。

いえ、むしろ首尾よくやり終えたという満足感を得ました。台風が発生している中での出港でしたが、台風が九州方面から関東方面に進路を変えるのを予測するのは、まず不可能です。百パーセント安全な天候を待っていれば、永久に八丈島から出られなくなるでしょう。常に不確実な要素を含んでいる未来へ向かっていくためには、タイミングを見計らって乗り出さなくては、動きがとれなくなります。

台風の影響で風と波が強まったとき、三宅島の島陰にとりあえず避難するという選択肢もありました。そうしなかったのは、そのときの風向きが初島に帰るために最適だったからです。状況を把握、分析し、一刻も早く母港に戻るのが最も安全だという判断を下し、実行しました。

今のぼくは勝ち目のないゲームには絶対に参加しません。経験を積むことによって無謀さは影をひそめ、慎重さが身についていったように思います。

第三章

強い男のつくり方

優しさだけでは役に立たない

――先生の言う「へにょへにょ君」が増えている一方で、世の中の女性たちは強い男性を求めているようにも思うのですが。

最近、「J婚」という言葉を耳にしました。自衛官と結婚することをそう呼ぶのだそうです。自衛官の独身男性を集めたお見合いイベントは若い女性に大人気で、毎回、定員オーバー、しかもかなりの高確率でカップルが成立するそうです。防衛大学校卒の幹部自衛官となると、そういう婚活イベントすら必要なくて、卒業後はすぐに相手を見つけて結婚してしまうといいます。実はぼくの次女も、海上自衛隊の幹部自衛官と結婚しました。

J婚がブームになったきっかけは、東日本大震災だったといいます。被災地で自衛隊が活動する様子がテレビや新聞などで報じられ、自衛隊に対して尊敬の念を抱く国民が増え、若い女性たちにとっても、男らしくて、りりしくて、性格的にもまじめな自衛官の男性は理想の結婚相手になっているようです。

もちろん、彼らは国家公務員ですから、収入も安定しており、そこも女性にとっては魅力なのでしょう。それに、訓練で家を留守にすることが多いから、その分、「自由な時間をもてる」と考えているちゃっかりした女性も多いそうです。しかし、それはそれとして、女性たちは強い男を求め始めているとぼくは確信しています。

――しかし、世の中には強い男性が足りていないようです。男の子をもつ親たちの子育ての仕方がよくないのでしょうか。

ぼくは、どんな作家になりたいのかと聞かれたら、「読んでくれた人に勇気と元気を与えられる作家」と答えるようにしています。読者に与えたいのは、優しさや癒しではなく、あくまでも勇気とパワーです。

しかし、昨今、この国では優しさや思いやりばかりがもてはやされ、勇気は片隅に追いやられているようです。以前見たどこかのレポートでは、親に対して、子どもにどんなキャラクターを手に入れてほしいかを尋ねると、「優しさ」や「思いやり」が上位を占め「勇気」は十位にも入っていませんでした。ぼくが男の子の親だったら「勇気のある男に育ってほしい」と望みますが、世間の親たちは違うようです。

けれども考えてみてください。優しさというのは、言語を獲得する以前から人類が共通に持っていた特質です。優しいのは、人間として当たり前のことであり、言わば人間としての前提です。

確かに、世の中には人を殺しても良心の呵責をおぼえない冷血漢もいます。しかし、そういう人は、人間として例外だということです。ほとんどの人は、困っている人がいれば、助けたいと思うものですし、電車の中で立っている老人や妊婦がいたら、席を譲ってあげたいという気持ちになります。つまり、優しさとは人間らしさにほかならないのです。

おそらく、多くの人は、時代が進むにつれて、人類から優しさや思いやりが失われてきていると誤解しているのではないでしょうか。しかし、少なくともぼくの目には逆に見えます。奴隷制を始めとする不公平で理不尽な制度が横行していた時代には、優しさを発揮する機会は多くありませんでした。そういう時代に比べて、現代の日本は優しさに満ちており、その対象は動物にまで広がっています。すでに日本人は相当優しいのです。

むしろ、今の日本社会が抱える問題は、優しさを表現する方法が弱っていることではないかと思います。優しさを正しい形で表現するためには何が必要なのかという議論がなされていないようです。

わが子に優しさばかりを求める親たちは、自分が子どもに優しくしてもらいたいから、そう言っているだけなのではないでしょうか。優しさを最も洗練された形で表現して世界をよりよくするということにまったく考えが及んでいないように思えてなりません。

優しい心は、勇気に裏打ちされた明確な行動となって表れなければ、意味がありません。

たとえば、川でおぼれている子どもがいるとします。その様子を見て「ああ、かわいそうに」と同情するのは優しい人です。しかし、その感情が心の中で生じているだけだったら、何の役にも立ちません。

優しさを外部に対して表現するためには、勇気を奮って、おぼれている子の救助を試みるべきなのです。ただし、それは、やみくもに川に飛び込むということではありません。子どもを救助するつもりが、自分がおぼれてしまったのでは元も子もありません。

おぼれている子どもを救助するにあたって、まずやるべきことは、理性を働かせて状況を読むことです。岸から子どもまでの距離、川の流れの速さといったことを瞬時に正確に把握し、近くでおぼれている場合は、ロープや棒がないかどうか辺りを見回します。

かなり岸から離れた所でおぼれている場合は、自分で泳いでいけるかどうかを確認します。川の流れを考慮したうえで、どのくらいのスピードで泳いでいけば、子どもにたどり着けるかを計算し、途中に迂回すべき障害物はあるかどうかもよく見て、それから飛び込まなくてはなりません。

近くに人がいる場合は、助けを呼んでもらうのがいいでしょう。おぼれている人を救助するのはきわめてリスクの高い行為ですから、人手は何人いても無駄にはなりませんし、助け上げた子どもを病院に搬送するため、119番通報しておく必要もあります。

理性に基づいた判断と、勇気ある行動の連係プレーが功を奏し、子どもを無事に助けることができたとしたら、そのとき初めて優しさは形になったと言えるのです。

勇気は獲得できる

――優しいだけでなく、強くなくてはいけないということですね。

ただ優しいだけの人は、優柔不断な行動をとって周囲に迷惑を及ぼすこともあります。また、優しさと弱さが合わさってしまうと、失敗や不幸を招きかねません。

そもそも優しさや思いやりというのは、自分で磨くことのできるキャラクターではありません。真の優しさは、他者から無償の愛を受けたときに、その人の心の中で磨かれるものです。その意味では、本人が自主的に獲得できるものではないのです。

その点、勇気は行動を通して自分で身につけていくことができます。もちろん、最初から勇気をもっている人間などいませんし、獲得するのが最も難しいキャラクターでもありますが、リアルな恐怖を味わい、それと渡り合い、克服していくことで、少しずつではありますが、勇気は手に入れられます。

しかし、「俺には勇気がある」などと大きなことを言う人をぼくは信用しません。そんなことを口に出して言う人がいたら、「あなたは勇気を手に入れるために何をしたのか」と問うでしょう。

勇気は、自発的な行動と表現によって育まれるものです。獲得しようと思ってとった行動や表現の質と量によって、勇気の有無は判断されるべきです。だから自己申告は成り立ちません。

勇気はまた理性とともに身につけるべきものでもあります。先ほど、川でおぼれる子どもを例に話したときも、状況の把握が大切だと言いました。そのために必要なのが理性です。新しい世界に向かって一歩を踏み出す勇気と、いつも頭を冷静に保っておく理性、この二つをセットで養っていかなくてはなりません。

協力し合える力

――連係プレーも大事だということは、自分一人で勇気を奮い起して頑張るのではなく、周囲の協力を求めればいいのですね。

協力を求めることがむしろ大切なのです。とっさの判断で他者との協力関係をうまく結ぶこと、これができない男は強いとは言えません。

よく「競争社会」という言葉が使われます。子どもたちに対して、学校の先生や親が「世の中は競争社会なのだから」とか「社会に出たら競争なのだから」と言うこともあります。しかし、これは間違っていますし、絶対に言ってはいけないことです。

人間社会で営まれるたいていのことは、「協力関係」で成り立っているのです。もちろん、先ほどお話ししたように男性同士が女性をめぐって競争するといったことはありますが、そういうのはごく一部の例外にすぎません。

身近な例を挙げて説明しましょう。ぼくの小学生時代の友人に鈴木康友君という人がいます。彼は衆議院議員を二期務め、今は浜松市長をやっています。その康友君が最初に地元から衆院選に出たときは応援に駆けつけました。そのとき選挙運動を間近に見ていて感じたのは、現場が協力関係に満ちあふれているということです。何百人もの後援者や支持者が力を合わせて、彼を当選させようとしていました。運動方針や作戦が決まると、それにそって人々が協力し合い、ポスター張りや選挙カーの運転などを通じて、当選という一つの目的に向かって全力を尽くしていました。

相手側陣営にしてもそれは同様です。選挙ですから、最終的には陣営同士の戦いになるわけですが、競争と協力を比較して全体を眺めると、協力関係の占める割合の方がずっと多い。そのことをぼくは「九九％の協力と一％の競争」と呼んでいます。

この原則はあらゆる世界に当てはまります。たとえば、ヨットレースで船をスムーズに動かすためには、クルーたちの協力が不可欠となります。帆を上げ、舵を取り、風向きや天候に応じてセールの向きを調整したりし、全員が息を合わせて微妙に動きを変えることで船を走らせます。チームワークが乱れると、遭難の危険さえ出てきます。

企業活動でも同じことは言えるはずです。会社同士は、市場シェアを獲得しようと激しい競争を繰り広げていますが、それぞれの会社の中では多くの人が協力し合っています。ライバル社の社内にもたくさんの協力関係が見られます。つまり、実社会の大部分は、競争関係では成り立っていないのであって、だからこそ、ときにはゲームとしての競争が必要になるのです。

小学校の運動会に関して「徒競争で子どもたちに順位をつけるのはかわいそうだ」とか「いずれ競争社会に入っていくのだから、小さいうちから競争させるのはよくない」といった意見を耳にすることがあります。

しかし、これは前提が間違っています。実社会が競争ではなく、協力で成り立っていることをちゃんと理解していれば、子どもがスポーツやゲームで勝敗を競って能力を伸ばすのはよいことだという結論が導き出されるはずです。子どもの頃ぐらい、勝ち負けの体験をさせた方がいいし、競争を通じて自分の得意分野を知ったり、技能を向上させたり、仲間と協力し合って何かを成し遂げる喜びを味わったりすることも大事です。

子どもたちに競争をさせるときは、「世の中は協力関係で成り立っているんだよ」としっかり教えておく必要があります。そうやって、お互いに協力し合いながら連係プレーのできる大人への成長を促すべきなのです。

子育てで得た効果

――先ほど、勇気とは新しい世界に向かって一歩を踏み出すことというお話が

ありました。鈴木さんが家庭生活を営んでいくうえで勇気を発揮したことはありますか。

子どもを産み、育てるというのも、未知のゾーンに踏み出すということです。子どもをつくると決めたときは、勇気がいりました。

子どもをもとうと思ったきっかけは、ある先輩の一言でした。小説家としてデビューする前、ぼくはシナリオ・センターという脚本家の養成所で修業していたのですが、そこの先輩の家庭に子どもが生まれたのです。

「子どもはいいぞ。その存在はあまりにも素晴らしく、子どものいない生活はもはや考えられない」と先輩は言いました。

ぼくはその先輩をとても信頼していたので、この一言は身にしみました。子どもをもつという未知のゾーンに踏み出すための勇気も与えてもらいました。

これまでの人生で一番お金がなかった時代です。しかし、それでもぼくと妻は子どもを産み育てようと決めたのです。

最近の大人は、若い世代に対して、子どもをもつことの素晴らしさをちゃんと伝えているでしょうか。「子育てなんて、時間はかかるし、苦労も多い」といったふうなネガティブな助言をすることが多いのではないでしょうか。これでは少子化に歯止めがかかりません。

子育てに苦労はつきものとはいえ、今はずいぶんその苦労が軽減されています。ぼくが赤ん坊の頃、粉ミルクを飲ませてもらって育ちましたが、当時のミルクはかなり高額でした。夜中に泣き出すと、母はまず七輪に炭を入れて火をおこし、お湯をわかさなくてはなりませんでした。

今はどうでしょうか。ポットからすぐお湯が出ます。冷蔵庫に入れておいたミルクを電子レンジで温めるという方法もあります。もちろん、働く女性が増えているのに保育園が足りないといった現代的な問題も出てきてはいますが、昔と比べて子育てがしづらい世の中になったというのは間違っています。

――実際、子育てをしてみて、いかがでしたか。

ぼくも最初から子育てが好きだったわけではありません。妻は高校の教師をしていて、ぼくは作家修業中のフリーターでしたから、気づいてみたら、やらざるをえない環境に置かれていた。面倒くさいからといって逃げるわけにもいかないし、男の責任として、やらざるをえなかったというのが、本当のところです。

昨今のイクメンにとっては、結婚して子どもができたら、育児に積極的にかかわるのは当然のことなのでしょうが、ぼくはそれほど意識が高かったわけでもありません。学生の頃は「子育ては男が抱く夢を邪魔するもの」と思っていました。

ところがやってみると、子育ては本業の進歩に思わぬ効果をもたらしました。ぼくは小学六年生のときに初めて小説を書き、大学に進んでからも習作に手を染めていました。しかし会心の作をなかなか完成させることができずにいました。しかし、子育ての一切を引き受けるようになってから、小説のレベルが上がったのです。

おそらく子育てを通じて、想像力や忍耐力が養われるとともに、自分独自のテーマを見つけられたからだと思います。あるいは「長女の小学校入学までに作家デビューする」という目標と張り合いが、書く力を高めてくれたのかもしれません。

子育て作家の一日

――具体的には、どんなふうに一日を過ごしていたのですか。

一九九〇年に『楽園』が日本ファンタジーノベル大賞優秀賞を受賞したことで作家デビューを果したのですが、ほぼ同時期に次女が生まれたので、ますます子育てに忙しくなりました。

当時の平均的な一日はざっとこんな具合です。

起床は、妻が出勤する午前七時頃。それから子どもたちに朝食を食べさせながら、保育園にもっていく衣類や布おむつをそろえ、九時になったら保育園へ。あるときは、一人をバギーに乗せ、もう一人は抱っこ、あるときは自転車の前後に一人ずつを乗せるというふうに、天候その他の事情によって運搬方法は変わりました。

保育園に子どもたちを預けてからは、仕事開始です。午前中は、前日にプリントアウトしておいた原稿の手直しや、読書、アイデアのメモなどに使い、手づくりの昼食をとった後、仕事場に入ります。まずエッセイやゲラのチェックなど軽めの仕事で肩慣らし、午後二時頃から、長編書き下ろしなど重量級の執筆に集中しました。

しかし、いくら筆がのっていても、五時を過ぎる頃にはひと区切りをつけ、仕事を終えていました。書いた原稿をプリントアウトして、データを保存し、保育園に子どもたちを迎えに行きました。

つまり、朝の九時から夕方の五時半頃までが仕事時間であり、子どもが家にいるときは一切、執筆はしませんでした。徹夜なんて論外です。もともと小説を書くという仕事は集中力の勝負であり、ルーティンの中に収めなければ能率は上がりません。気が散るシチュエーションでは仕事にならないものなのです。

保育園から子どもたちが帰ってくると、夕食の支度にとりかかります。といっても、帰り道に商店街のお店やスーパーで買った食材で手早く料理していました。つくるというより並べるという感じのいい加減な料理でした。

まともにつくった料理はカレーぐらいです。カレーは、男が育児をしながらつくるのにはうってつけのメニューです。肉、タマネギ、ジャガイモ、ニンジンなどを軽く炒め、弱火で煮込んでいる間に、衣類やおむつを洗濯し、子どもたちを風呂に入れていました。

夕食ができ上がり、風呂から出てきた子どもたちの着替えを手伝い、二回目の洗濯が終わる頃になると、妻が帰ってきました。子どもたちが食べて寝てしまったら、晩酌をしながら、妻とその日あったいろいろなことをしゃべり、午後十時に就寝していました。

——非常に規則正しい生活だったのですね。

子育てをやったおかげで仕事がはかどり、小説家としての地歩を固めることができました。デビューして五年後に、念願のベストセラーを出すことができたのは、子育ての環境があったからこそだと思っています。

世間の男親の中には、娘との距離感を縮められなくて困っている人もいるかもしれませんが、わが家ではそういうこともありません。二人とも幼い時期にずっとそばにいたからだと思いますが、今でもぼくのことをとても慕ってくれています。

もちろん、妻は今でもぼくに感謝してくれています。まさに、いいことばかりです。

男の子育て、かくあるべし

――前に、あくまでも父親として、男として娘さんたちに向き合ってきたというお話もありました。

目指したのは、徹底的な男の子育てです。エプロン姿のお母さんが家に二人いるような子育てをしても意味がないとはっきり思っていました。妻と二人、それぞれ違った個性を出し合い、互いに協力し合ってこられたのは、幸運でした。

電電公社で定年まで勤め上げた母親に育てられ、妻は専業主婦の母親のもとで成長したのがよかったのです。フルタイムで働いていたぼくの母親の家事・育児は、よく言えばスピード感があり、悪く言えば雑でした。

他方、妻の母親は専業主婦で、その家事・育児は、時間の余裕をもたせた丁寧なものだったと聞いています。この違いはしっかりとぼくら夫婦に受け継がれ、ぼくの家事・育児は速くて雑、妻の家事・育児はゆっくりと丁寧でした。

異なった家庭環境で育った男女が、結婚して子育てに臨むときは、両者の価値観を統一しておくことが大切です。二人の考え方が分かれたままでは、子どもの進路が一つに定まらず、家庭内が混乱します。

子育てに関する方針を決めるときは妻と徹底的に話し合いました。価値観の差を埋めるためには、とにかくコミュニケーションをとるしかありません。それによって、適度な混じり合いが生じます。ぼくの価値観と妻の価値観が混合され、新たな道筋が見えてきます。

たとえば、ぼくの個性が黒で、妻の個性が白だったとします。両者が混じり合えば、次世代に残すべき色のバリエーションは、黒に近いグレーから白に近いグレーまで広がります。子どもはその多彩な色の中から、自分に合った色を選びとることができます。子育てに必要なのは、この多様性なのです。

社会全体で見ても、父性と母性の両方があまねく行き渡っている状態が理想的です。ところが、昨今は日本の社会全体が母性に傾きすぎているようです。そのアンバランスが気になって仕方がありません。だからこそ、男の子育てを奨励しているのです。

長女が三歳ぐらいの頃ですが、電子ピアノの椅子が長女の足先に倒れて、親指が切れ、ひどく出血したことがありました。妻は今にも救急車を呼びかねないほど慌てました。ぼくは傷口の具合を冷静に見極め、傷は深く、バンドエイドを張ったぐらいでは止血できそうにないこと、だからといって救急車を呼ぶほどでもないことを確認しました。妻と話し合い、近所にある病院の救急外来に電話して、今から行く旨を告げ、ぼくが長女をおぶって病院まで走りました。

ぼくと妻という異なるキャラクターが適度に混じり合ったことで、よりよい選択ができたと思います。

もっとも、長女は足先から血を流しながら、わんわん泣きわめいていたので、住宅街を駆け抜けるぼくの姿は人さらいに見えたかもしれません。病院につくと、親指の先を四針縫って簡単な治療は終わりました。家に帰る道すがら、長女はぼくの背中で眠っていました。

自分をかき立てる夢を描く

――それにしても、子育てすることで本業もうまくいったというのは、示唆に富んだお話です。

誤解されては困るのですが、自分の夢をあきらめて子育てを担当したわけではありません。見た目は「主夫」だったかもしれませんが、子どもたちと深くかかわることで生まれた強烈なモチベーションを仕事に生かしてやろうと、闘志を燃やしていました。

生活のレベルは「貧乏」でしたけど、まったく下を向いていませんでした。妻と散歩していて、建築中のマンションを見かけたら、「そのうち、あのマンションのペントハウスを買ってあげるから」と豪語していました。

幼い娘たちを逗子マリーナまで連れていって、「いつか、あの豪華ヨットを買ってあげるね」とホラを吹きまくっていました。

太平洋横断を本気で目指していたぼくは、小説家としてデビューして間もなく、小型船舶四級の免許を取得しました。お金はなかったけど、時間ならたっぷりあったからです。五年もすれば、お金はあるのに時間がないという状況になるだろうと予測し、とりあえず免許を取って、来るべき航海に備えていたのです。

夜、娘たちを寝かせるときも、絵本の代わりに船の雑誌を広げて一緒に見ていました。豪華なヨットやクルーザーの写真が載っているのを眺めながら、ぼくは「どれが欲しい？」と娘たちに尋ねました。今もわが家に置いてある船の雑誌には、長女がおぼえたばかりのひらがなで「こ・れ・か・う」と書いたページがあります。それはクルーザーのキャビンルームを写した写真で、テーブルの上に置かれたかごに果物が山盛りになっています。長女はその果物かごが気に入ったようでした。

男には、自分をかき立てる夢が必要です。現状がいくら苦しくても、いつか目標に到達した暁には、これを買うのだというものがあれば、奮起につながります。

一九九五年、『リング』の続編の『らせん』がまず売れ、それによって『リング』も売れ始め、ぼくはベストセラー作家の仲間入りを果たすことになりました。

すぐに実行に移したアクションは、自動車と船の購入と、引っ越しでした。自動車はトヨタのクラウンを即決で買いました。船は、外洋航海には耐えられるものではありませんでしたが、キャビンに一家四人が快適に眠れるスペースが確保されている小型のクルーザーに決めました。

マンションは、それまで住んでいた三十五平米1ＤＫの部屋の窓から見える十四階建ての十二階、南東角部屋の七十五平米2LDKに決めました。立地条件、堅牢さ、豪華さ、すべてにおいて申し分ありませんでしたが、とりわけ気に入ったのは長期滞在用ホテルというコンセプトでした。これなら入居も退去も容易だし、仮にぼくの収入が減って撤収することになった場合も、対応しやすいと判断したのです。

作家は浮き沈みが激しい職業です。一度、ベストセラーを出せたからといって、同程度の収入がずっと続く保証はありません。クルマは道具であり、船はおもちゃ（特に男にとっては究極の）であり、維持できなくなって手放しても、家族の生活にさしたる変化は起きません。しかし、生活の基盤となる住居はそうはいきません。もし退去を余儀なくされるような事態になったら、娘たちを失望させることになります。

そんな事態を恐れるあまり、仮押さえから本契約に進んでいくまで三カ月ほどはぐずぐずしていましたが、『らせん』が吉川英治文学新人賞にノミネート（後に受賞）されたのを機に腹をくくり、翌九六年に引っ越しました。

引っ越しの日、高層階の窓から見える夜景に大喜びする娘たちを前に、ぼくはクギを刺しました。

「とりあえず引っ越してはきたが、パパの仕事が振るわなければ、すぐに撤収する。覚悟して臨むように」

この一言が効いたらしく、娘たちは、いつ見納めになってもいいように窓からの風景をしっかり目に焼きつけながら、毎日を送ったようです。

現状を数字で把握する

――強い父親像が浮かび上がってくるようです。引き続き、強い男の条件について、もう少し詳しくお聞かせ願えますか。

まず判断力と決断力をもっていること、これは基本的な条件です。判断と決断ができない男性に女性は魅力を感じないはずです。

男女二人がデートの最中にレストランに入ったとします。「何を食べたい?」「何でも好きなものを言って」と女性を気遣ってばかりいる男性は、優柔不断で、頼りがいがあるとは言えません。「これがおいしそうだ」「これを食べよう」と能動的にディナーを盛り上げてくれる男性の方が、頼りになりますし、一緒にいて楽しいはずです。

世の中の女性は、自分一人ではたどり着けない場所に連れていってくれるような男性を求めていると、ぼくは思っています。先ほどもお話ししましたが、男は優しさなんて売りにしてはいけないのです。

女性も気をつけていただきたいものです。よく「彼氏が私の誕生日をおぼえていてメールをくれた」とか「アニバーサリーを祝ってくれた」と言って手放しに喜んでいる女性がいます。しかし、その男性が、男として本当に信頼に足る人物なのかどうかは別の話です。アニバーサリーをおぼえていてもらえるのは、女性にとってうれしいことかもしれませんが、ぼくに言わせれば、その彼氏は気を遣うのがうまいというだけです。世の中には、もっと大事なことがあるのではないでしょうか。

人生は判断と決断の繰り返しです。数学の問題を解くわけではないので、絶対的に正しい答えを導き出すことは不可能ですが、よりよい判断と決断を積み重ねていかなければ、その人の一生は、かなり残念なものになってしまいます。

――よりよい判断や決断を下して生きていくためには、どうすればよいのでしょうか。

なるべく数字を用いて現状を把握するようにしています。もともと男性は女性より数字に強いと言われますが、男性でもふだん数字を意識しながら暮らしているかというと、案外できていない人がたくさんいます。

以前、知人と雑談していて「昨日、Aさんの家に行ったらさ、広いんでびっくりしたよ」と言われたことがありました。そういう話になると、必ず「広いって、何平米?」と聞くのですが、相手は「ん?」と言葉に詰まります。「まあ、けっこう広かったんだよ」と曖昧な答えしか返ってきません。

「公園に行ったら、すごくたくさん人がいた」。そんなふうに言われたときも、「何人ぐらいいたの?」と聞き返します。しかし、だいたい反応は同じです。「うーん、相当いたんだよ」。「百人? 千人? 一万人?」と聞いても答えられません。

他人の家の広さが何平米だろうと、公園に人が何人集まっていようと、どうでもいいことですが、曖昧な状況のとらえ方については疑問を感じざるをえません。ざっくりと数字で物事を把握するクセがついていないと、いざというときの判断や決断に支障をきたすのではないかと心配になってしまいます。

人生を生きていくというのは、外が見えない船長室で舵を握って航海しているようなものです。見えない未来に向かって進んでいくためには、現状をより正確にとらえなくてはなりません。

たとえば、海況を判断するときも、必ず数字が必要になります。波の高さ、風向き、台風の位置・進路・スピード、すべて数字で表わせます。現在、波の高さは何メートル、風向きは何度で、台風は九州の沖合何キロの地点にいて何度方向に、時速何キロで進んでいるか、といった具合です。

もちろん、それは、船の針路を誤ると命にかかわるからです。船長としてよりよい判断と決断を下すために、曖昧な現状把握は許されません。

それは別に船の世界に限ったことではなく、会社を経営する人も、ビジネスパーソンの人たちも同じだと思うのです。数値データを無視した経営やビジネスなどありえないと言っていいでしょう。

ところが、会社では数字を駆使しているはずのビジネスパーソンですら、日常生活では数字をあまり使っていなかったりします。これにはまったく驚かされます。

先ほどぼくは、川でおぼれている子どもの救助を例にとって話しましたが、ああいったケースでも、子どもがおぼれているのは岸から何メールなのか、川の流れは時速どのくらいなのか、といったことを瞬時に把握できた方が救助の可能性は高まるはずです。

世界は、見えているようで見えていないものです。数字はその世界を理解するための言語であり、数字を用いることで、世界の輪郭を浮かび上がらせることができます。

「数字を多用して状況をとらえる」というと、必ず「あなたは数字で他人を判断するのですね」と誤解される方が出てきます。

そうではありません。われわれが生きている世界は複雑に絡み合った曲線（非線形）でできています。複雑系で支配された自然界には、一次関数的な、線形の動きはほとんどありません。

現象はあまりに複雑すぎて、本質を見極めるためにはとりあえずシンプルにする必要が出てきます。その方法こそ、微分なのです。

微分とは、複雑に変化する曲線の、ある瞬間における変化の割合を求めることです。曲線を、ある瞬間における直線の傾きに変換することです。

複雑に入り組んだ現象をカメラで撮影して、静止画にして状況を理解するのと似ています。

船を操縦していて海況を判断するとき、「波の高さはまあまあ」「風向は後ろから」「風力はけっこう強い」「低気圧の位置はこのへん」などと、曖昧にとらえていたら、状況はクリアになりません。すべてを数字で押さえて本質を理解すれば、与えられた範囲内における、最善の策を講じることができるのです。

ここで大事なのは、「現在把握している数字は一時的なものであり、永久に続くわけではない」ということです。天候は、一定に保たれるはずもなく、時時刻刻と変わります。得た数値は暫定的なものであるということを、肝に銘じなければなりません。愚かな経営者は、山あり谷ありの商売の基本を忘れ、直線的に未来を判断しようとします。昨年から今年にかけて売り上げが二倍に伸びたから、来年も右肩上がりに二倍に伸びるはずだと考え、直線的な数値目標を掲げて、社員の尻を叩くのです。現実は曲線で動いているため、希望的観測との乖離は徐々に膨らみ、最大限になったところで破綻します。

ある時点における数値で、人の能力を恒久的に評価したり、経営戦略を立てたりしてはならないのです。

運に任せるのは最後の最後

――となると、データは常に万能とは限らないとも言えそうです。

もちろん、いかなる方法を用いたとしても、未来を百％正確に予測することなどできません。数字によるデータを徹底的に集めても、とことんまで理詰めで考え抜いても、答えが出ず、AとBどちらをとるかというふうに選択肢が残ってしまうことはありえます。

航海ではそんなとき、船長の直感に任せることになります。航海の目的が決まり、自船の位置、天候や気圧、風向き、風速、波高、季節、時刻などの諸状況が明らかになっていれば、とるべき針路は論理的に定まってくるのですが、それでも右四十五度に進むべきか、左四十五度に進むべきかが決まらない、どちらの選択も同程度に正しいといった場合があるのです。

そのように論理を尽くし、複雑系に支配された未来をできる限りクリアに見通した後なら、船長は「右の海面から、なんとなくいいにおいがしてきたから、右にする」という選択を下してもかまいません。クルーはそれに従うのみです。その判断が正解であれば、クルーの船長に対する信頼度も増します。もちろん、それはただ運がよかっただけかもしれませんが、運のよさもリーダーには不可欠の資質なのです。

けれども、運とは、最後の最後に頼るものです。あらゆる可能性やリスクを吟味し、それでも選択肢が二つ残ったときに、運を天に任せるのであって、本当に判断力や決断力に優れた人がとる行動からは、命を落とすようなリスクはあらかじめかなり排除されているものです。

逆に、ろくにデータを集めもせず、理詰めで考えもせず、「俺は自分の直感を信じてこっちに行く」と決めて失敗する人がいますが、そういう人は「運が悪い」のではなく、リアルな世界を見ようとしていないだけです。軽々しく「俺は直感を信じる」と口にするような男を、世の女性たちは信用すべきではありません。

システムに頼らず、判断・決断するために

――日常的に判断力や決断力を磨くために心がけていることは何かありますか。

ぼくは、自動車に乗るときにカーナビの目的地登録機能は使いません。知らない場所に行く場合は、地図を開き、目的地までの道筋と距離を自分で確認し

てから運転します。国内でレンタカーを借りると、必ずといっていいぐらいカーナビが搭載されていますが、地図として参考にするだけです。

なぜカーナビを使わないのかと聞かれれば、「自由にどこにでも行きたいから」と答えます。この意味、わかりますか。

カーナビは非常に便利な機械です。多くのドライバーは、カーナビさえあれば、どこへでも行けると思っていることでしょう。

けれども、それは間違っています。本当は、カーナビに頼った運転ばかりしていると、どこにも行けなくなるおそれがあるのです。

海外に行って、現地でヨットをチャーターして航海する際には、上陸した街や島をレンタカーでくまなく走り回ります。しかし、欧米諸国のレンタカーにはまずカーナビはついていません。ギリシャの街を走ったときも、シチリア島北方にある火山性の島々を回ったときも、レンタカーにカーナビなんてついていませんでした（ちなみに、クルマはマニュアル車でした）。

カーナビの便利さに慣れ切ってしまい、地図を見て方角や距離を考えながら運転する技術を忘れてしまった人は、外国でクルマを運転することになったとき、大いに戸惑うはずです。ただでさえ土地勘のない見知らぬ土地で、自分でクルマを走らせ、目的地まで迷わずにたどり着けるかどうか。たぶん、かなり心もとないのではないでしょうか。

国内でも、カーナビを使って運転してばかりいると、道をおぼえなくなるといいます。ぼくの知り合いは、それに気づいてカーナビの使用をやめたそうです。彼は「以前は、知らない土地に行っても、目指す方角はだいたいこっちかなという勘が働いていたけど、カーナビを使うようになってから、その感覚も失われそうになった」と話していました。つまり、カーナビは人間を退化させるのです。

「右に曲がれ」「左に曲がれ」などと、機械に指示されながらクルマを運転するなんていう状態に、よくみんな耐えられるものだと感心してしまいます。自分では便利さを享受しているつもりでも、そうやって機械にコントロールされている間に、自分で判断したり決断したりする能力を失っていくのです。システムを頼りすぎることの弊害にももっと目を向けた方がいいのではないでしょうか。

――特に海外で男性が頼りにならないと、女性は困ってしまいます。ひと頃、「成田離婚」という言葉が流行ったこともありました。

成田離婚も、女性から別れを言い出すパターンが圧倒的に多いのではないでしょうか。日本国内でふつうに過ごしているときは気づかなくても、海外旅行をしているうちに、相手の男性の頼りなさが目についてしまい、女性としては、この人と一緒にいても安心して暮らせないという気持ちに傾いてしまうのではないかと思います。

自分の娘たちには、「結婚しようと思ったら、その前に必ず相手と泊りがけで旅行してきなさい」と言い続けてきました。日常的に二人でデートや食事をしていても、相手の男性の本質はなかなか見えてきませんが、旅に出れば、判断力や決断力を試されるシーンが必ずあります。そのときの男の様子をよく見ておいて、本当に結婚相手にふさわしいかどうかを確かめた方がいいのです。

男の真価は有事に問われます。とりわけ災害が起きたときなどに、正しい判断と決断で家族を守れる男なのかどうか、そのあたりを女性はしっかり見極めてパートナーを選ぶべきでしょう。

――判断力や決断力を高めていくコツのようなものはあるのでしょうか。

何事においてもメリハリをつけることだと思います。根幹や核心はとらえて逃さない。しかし、些細なことは放っておく。そのような人間でないと、いざというときによりよい判断や決断は下せません。

人間のキャラクターに関して言えば、神経質な人をぼくはあまり信用しません。ふだんからすべてを完璧にこなそうと躍起になっていると、それでエネルギーを使い果たしてしまい、本当に重要な判断や決断が求められるときに役に立たなかったりするからです。

寝ない人間も信用できません。自分がよく働いているということをアピールするためなのか、「昨日は三時間しか寝ていません」とか「徹夜しました」とか、まるで自慢するように話す人がいますが、単にだらだら働いているだけではないでしょうか。そういう人も本当に大事な局面では役に立ちません。

メリハリをつけるというのは、物事の本質をつかむということでもあります。ぼくは、初めて所有した自動車にもう二十年間、乗り続けています。見た目はボコボコ、まんべんなく傷だらけで、娘たちは「事故車」と呼んでいます。

しかし、当然ですが、安全には非常に気をつけています。メンテナンスは怠りませんから、エンジンは常に万全です。走行距離は十四万キロを超えていますが、故障したことは一度もなく、走りは絶好調です。自動車に乗るという行為の本質は、安全で快適なドライブをすることですから、そこからは絶対にブレないようにしているのです。

強い男は自分をコントロールできる

――判断力と決断力を高めていくために大事なことは何でしょうか。

「自分をコントロールする」ということではないでしょうか。

よく人類が科学と文明を発達させたのは、自然をコントロールするためだったと言う人がいます。しかし、それは違います。自然は科学や文明によってコントロールできるものではありません。気まぐれで、ときに残酷で、人間には手に負えないもの、それが自然です。

ホラー小説を書いているせいか、国内外で、鈴木光司さんにとって恐いものは何か、とよく聞かれます。そんなとき「最も恐ろしいのは自然である」と答えるようにしています。

自然の荒波に人間が放り込まれたとき、その人に問われるのは、いかにして自分をコントロールするかということです。

ぼくが海に出るのも、自然の中で自分をコントロールする力を鍛えるためです。どんな事態になっても、けっしてパニックを起こさないような自分をつくり上げていこうとしています。

海というのは、慣れない人にとってはとても怖い場所です。実際、友人の家族を船に乗せて、東京湾をクルーズしていたりすると、すぐにパニックを起こす人がいます。湾内ですから、せいぜい船の引き波が生じるぐらいなのですが、それでも船が少し揺れると、人によってはかなりの恐怖を感じるらしく、「今すぐ戻ろう」と言い出したりします。

しかし、そういう人でも、何時間か船に乗っていれば、だんだん揺れに慣れてきます。外海に出れば、大きなうねりが出てきますから、また違う恐怖を味わってパニックを起こすでしょうが、やがてそれにも慣れていくでしょう。人間は、小さなパニックを経験していくことで、次第に自分をコントロールできるようになっていくのです。

——陸上でふつうに暮らしている場合でも、男性が自分をコントロールできていないと、女性は困ってしまいます。

男が生きていく中で出会い、それがきっかけで自分をコントロールできなくなるものはいろいろあります。代表的なものは、酒・ギャンブル・女です。昔から「飲む・打つ・買う」は男の道楽と言われています。

もっとも、酒もギャンブルも女遊びも、それ自体がよくないものだとは、考えていません。男が自らを律し、のめり込まない程度に興じている限りにおいては、ある種の息抜きにもなるでしょう。ぼくだって、酒は毎日飲みますし、ギャンブルもしますし、きれいなお姉さんには心惹かれます。

問題は、これらにのめり込んでしまうことです。酒を制限なく飲み続ければ、アルコール中毒になって身体を壊します。ギャンブルにお金をつぎ込めば、やがて借金地獄になるでしょう。女遊びもそうです。夫がキャバクラ嬢に入れ上げて、揚げ句に家に帰ってこなくなったり、借金をつくったりしたのでは、妻はたまったものではありません。

これらは、いずれも男がコントロールを失っている状態です。「飲む・打つ・買う」を適当に楽しむのはかまいませんが、おぼれてしまっては元も子もありません。

ギャンブルに関しては、かつてこんなことがありました。一九九九年、出版社の企画でアメリカ大陸をバイクで横断しました。

実はぼくは大学生のとき、カリフォルニアからニューヨークまでバイクで走り抜けようと計画し、バイク雑誌に企画を売り込んだことがあったのですが、そのときはスポンサーが見つからず、希望はかないませんでした。

ところが、小説家として名前が売れた後、そのときのエピソードを出版社の編集者に語ったところ、すんなりと企画が通ってしまったのです。バイクはヤマハ発動機が貸してくれ、ロサンゼルスからフロリダのキーウェストまで約七千キロを走破することができました。

一行は、ぼくと編集者二人、それにアメリカ在住のコーディネーター（それが二章で紹介した元暴走族のH君です）の計四人で、ぼくはバイク、編集者はH君が運転する自動車に乗って旅していました。

その旅の最中、ラスベガスに泊まったときのことです。夜、ホテルに着き、みんなで食事をとった後、「カジノをやりたいか？」と聞くと、三人とも「やりたい」と言いました。そこでぼくは三人に百ドルずつ渡して言いました。「これを元手にしてやってごらん。ただし、明日、結果を必ず報告すること」ぼくも百ドルでやってみるからと言って、四人そろってカジノへ繰り出したわけです。

時間は夜の十時頃だったと記憶しています。三人と違って、ぼくは一日中、バイクにまたがっていましたから、カジノはそこそこにして、ホテルに戻って明日に備えることをファーストプライオリティに設定しました。そして、スロットマシーンやブラックジャックをやって百ドルを五百ドルに増やした時点で勝負を終え、部屋に戻ってぐっすり眠りました。

さて、翌朝です。朝食をとったとき、みんなに報告させると、一人の編集者はぼくが渡した百ドルに加えて千三百ドルすっていました。もう一人は五百ドルぐらいのもち出し、H君は千ドルのもち出しでした。

要するに、三人ともさんざんで、おまけに朝までやっていたから睡眠不足。その日、編集者たちはH君の運転するクルマの中でずっと寝ていました。H君も自業自得とは言え、大変だったと思います。

ギャンブルには一定の法則があります。カジノ側は、最初はある程度、客に勝たせます。だから、自分をしっかりコントロールし、引き際を考えながらやれば、けっこうもうけることができます。

しかし、調子に乗ってのめり込んでいくと、ドーンともっていかれます。そこでやめてしまえば損失は軽微ですむのですが、勝ったときの快感が頭に残っているから、さらに突っ込んで、どんどんやられてしまう。これが典型的な負けパターン。本来、ギャンブルは自制心を非常に問われるものなのです。

何年か前に、製紙会社の創業家三代目が海外のカジノで百億円もの大金を失い、無担保で借金した子会社を窮地に陥れて刑事事件になったことがありました。本人は実刑判決を受けましたが、あれなども、自分をコントロールできない男がギャンブルにはまり、破滅の道を突き進んでいってしまった例と言えるでしょう。

「しゃべろうとしない男」は失敗する

――判断力と決断力に優れていて、自分をコントロールできる。強い男の条件はほかにどんなものがありますか。

一つは、想像を途中でやめないことです。希望的観測をもたず、常に最悪の事態を想定する。これができていない人は失敗します。

昨今は、「ポジティブ」であることをやたらと礼賛する風潮がありますが、本当の意味でポジティブな人とは、最悪の事態を想定し、その恐怖に耐えられる人のことです。単に無謀なだけの人をポジティブとは言いません。「こうなってほしい」といった希望的観測に基づいて、できもしないファンタジーを実現させようとする人は、最悪の事態を想像する恐怖に耐えられないネガティブな人なのです。

太平洋戦争末期の特攻隊長を主人公とする、「鋼鉄の叫び」(角川文庫)では、リアルを欠いた希望的観測がどれほどの損害をもたらすのかを、問おうとしました。

なぜ、当時の軍部はアメリカと戦争するというような無謀な決断を下したのか。日米開戦の前、軍部が立てたシナリオは、海軍がアメリカと艦隊決戦し、陸軍が中国を降伏させるという以外はほとんど何もありません。対イギリス戦は実質的にドイツ任せ、イギリスが負ければ、アメリカもきっとやる気を失うだろうから、適当なタイミングで講和となるだろうという、おそろしく楽観的で他人頼みのシナリオでした。

あの戦争はアメリカの物量に負けたとよく言われますが、ぼくは違うと思います。両国の首脳陣が頭に描いたコンセプトの、論理性と現実感に差がありすぎたのです。

アメリカは、言わばケンカのプロです。建国以来、戦争状態でなかった時期はほんの少ししかないような国です。これに対し、日本は格闘技をちょっとかじったぐらいで本気のケンカをしたことのない優等生の国でした。ケンカの素人だから、最悪の事態を想定する恐怖から逃げてしまい、無謀な戦争に突き進んでいったのです。

言語的なコミュニケーションがしっかりとれることも、強い男の条件です。伝統的に日本の男はこれを苦手としてきました。「男はべらべらしゃべるものではない」「あうんの呼吸で意思を通わせる」といった考え方は今も社会にはびこっています。無口なこと、寡黙なことが男らしさの象徴であるかのように語られます。

しかし、組織に属す人間がコミュニケーションによる意思疎通を怠ると、悲劇を招くことになります。再び太平洋戦争を例に挙げて説明してみましょう。

ミッドウェー海戦をご存知でしょうか。一九四二年六月、日本海軍とアメリカ海軍が繰り広げた大規模な海戦です。日本はこの戦いで壊滅的な損害を受け、以後、戦争の形勢は一気にアメリカに傾きます。

この海戦における日本の敗因の一つは、作戦の不徹底でした。日本の山本五十六連合艦隊司令長官は、ハワイ諸島北西のミッドウェー島にあったアメリカの空軍基地を攻略すると見せかけて、アメリカ海軍の機動部隊（空母を中心とした艦隊）を誘い出し、迎え撃つことを狙っていました。

けれども、現場指揮官の南雲忠一・第一航空艦隊司令長官にその真意は伝わっていませんでした。山本は自分が立てた作戦の構想と目的を南雲に理解させる努力を怠り、南雲は南雲で、アメリカ機動部隊が出てくれば叩く、出てこなかったらミッドウェー基地を叩くというどっちつかずの構えでいました。つまり、重大な海戦を前に、両者は十分な意思疎通を図っていなかったのです。

作戦が始まると、南雲はミッドウェー基地に対して、航空兵力による第一次攻撃を実施します。しかし、アメリカの機動部隊がすぐには現れてこなかったため、南雲は付近に敵はいないといったん判断します。

ところが、その直後にアメリカ機動部隊が近くに現れます。日本側は慌てて、第二次攻撃に備えていた航空機の兵装を陸上攻撃用の爆弾から、艦隊攻撃用の魚雷に切り換えようとしましたが、この作業に手間取り、態勢が整わないうちに、アメリカ側の猛攻を受けました。その結果、日本海軍は虎の子の正規空母四隻と航空機三百機を失うという大損害を受けるのです。

ミッドウェー海戦は太平洋戦争のターニングポイントとなりました。そのような重大局面で、「しゃべろうとしない男たち」によるコミュニケーション不足によって作戦が失敗に終わったという史実はきちんと押さえておくべきでしょう。

第四章

よりよい未来を切り開くために

泊まれない男の子たち

――強い男の子を育てていくには、親の役割がとても重要だと思います。その点について、どのようにお考えですか。

もうずいぶん前のことになりますが、うちの娘は二人とも、小学四年生のときに区が実施するスキー教室に参加し、三泊四日で志賀高原に行きました。朝の六時集合だったこともあって、バスで都内をたつ日、ぼくは近所の子どもたちも同乗させて指定場所にクルマで送りました。それでわかったのですが、長女が四年生のときは、参加児童の男女比は三対七ぐらいで、女の子の方が多いように見えました。

その四年後、次女が四年生のときも、同じ場所に次女と近所の子を送っていきましたが、以前とは雰囲気が微妙に違いました。三十人ほどの参加児童はすべて女の子で、男の子の姿がどこにも見当たらないのです。

疑問に感じて、引率の先生に「どうしてですか」と尋ねると、先生は「最近は男の子の参加が激減しています」と言いました。「なぜでしょう」と理由を聞くと、「三泊もお母さんのもとを離れるのが耐えられないからでしょう」と教えてくれました。

ぼくが小学生の頃は、家以外の場所に友だちと泊まるのは最高の喜びでした。スキー教室でもキャンプ教室でも、機会があれば必ず参加したものです。

しかし、今から十数年前の時点で、男の子はスキー教室にも行けなくなっていたのです。対照的に、出発を待ちかねてはしゃぎ回る女の子ばかりの集団を見て、ぼくは予感しました。このままいけば、男の子はもっと弱くなる。どこにも行けなくなる。自分の娘たちが成人したとき、周囲に彼女たちの胸をときめかせ、結婚を意識させてくれるような男はいるのだろうか。そんな危惧をおぼえたのです。

作家の椎名誠さんから、こんな話も聞きました。椎名さんはアウトドアの達人で、子どもたちを集めて野外活動教室を開いているのですが、最近は男の子の参加者に母親がついてくるそうです。

それだけでもびっくりですが、みんなで森の中を歩いていて、小さな川にたどり着き、椎名さんが「さあ、この川を渡ろう」と言うと、母親たちは一斉にわが子に向かって「まずこの石を踏んで、それからあっちの石に跳んで……」などと言い出したそうです。椎名さんは「お母さんたちはしゃしゃり出ないでください」と制止しようとしたそうですが、母親の男の子たちへの指示はなかなかやまなかったといいます。

子どもの野外活動教室ですから、椎名さんは安全には十分な配慮をしていました。危険な川に子どもたちを連れていき、「渡れ」と命令したわけではありません。ただ、川の石は案外滑りやすかったりしますから、そういうことも知ってほしいと思って、子どもたちに渡らせようとしたのです。当然、足を滑らせてもケガをしないような場所を選んでいたはずです。落ちた子がいても、せいぜい服がぬれるぐらいでしょう。そういう経験を通じて、子どもたちに自然というものを知ってほしいと、椎名さんは思っていたのです。

にもかかわらず、最近の母親は、子どもたちのちょっとしたチャレンジを邪魔するかのように先手を打つのです。これでは、アウトドアどころではありません。

安全な社会ゆえに、不安を募らせる

——おそらく、その野外活動教室は、自然の中で行動することによって、子どもたちの成長を促すという趣旨でやっているのだと思いますが、お母さんたちが台無しにしているわけですね。

先日、東京都台東区の中学校で講演をしました。そのとき校長先生と少し雑談したのですが、「最近の中学生はおとなしくなりました」と感慨深げでした。

かつて中学校では校内暴力が猛威を振るい、不良の子たちが暴れ回っていました。ぼくが中高生の頃も、怖い先輩たちがいたものです。そういう連中に体育館の裏に呼び出されるとか、番長同士が一対一でタイマンを張るといった暴力沙汰も日常茶飯事でした。しかし最近は、そういう話を聞くこともなくなりました。

といっても、ぼくは子どもたちの周りに暴力が遍在していたような殺伐とした時代がよかったと言いたいわけではありません。子どもたちを取り巻く環境が昔と比べてかなり安全になっていると言いたいのです。

世間ではよく「凶悪犯罪の増加」や「犯罪の低年齢化」が叫ばれます。しかし、これは真実ではありません。

警察庁のまとめによると、二〇一三年の殺人事件の認知件数は、戦後最も少ない九百三十八件でした。戦後殺人が最も多かったのは一九五四年で、年間三千八十一件も起きていました。現在の三倍以上も殺人事件が起きていたのです。少年犯罪も減りました。一九七〇年代半ばまでは、毎年百人以上の少年が殺人で捕まっていました。ところが、二〇一三年に殺人で検挙された少年の数は五十二人まで減りました。つまり、現実には凶悪犯罪は減っており、犯罪の低年齢化も進んでいないのです。

もちろん、目を覆いたくなるような残虐な殺人事件は、今でもなくなってはいませんし、少年が少年を殺害するような痛ましい事件も後を絶ちません。けれども、データに表れている通り、全体で見ると、日本の治安はすごくよくなっています。にもかかわらず、母親たちは過剰に安全を気にするようになっているのです。

――安全な世の中だからこそ、かえって不安が強まっているのでしょうか。

暴力を体感しづらい世の中になって、逆に不安が高まっているということは言えるでしょう。

これは、知人から聞いた話ですが、最近は子どものサッカーチームや野球チームの練習に、必ずと言っていいほど母親たちがついてくるそうです。休日の試合ならまだしも、平日の放課後の練習を母親たちがずらっと並んで見守っているのです。奇妙な光景だとその知人は気味悪がっていました。

また、別の知り合いによると、子どもたちの空手教室などでも、母親のお迎えが当たり前になっているそうです。夕刻、稽古が終わる頃になると、道場の前に母親たちが集まって、立ち話をしながら、子どもたちが出てくるのを待っているというのです。空手を習わせるのは、心身ともに強い子どもに育てるためだろうと思われますが、家に一人で帰ることもできない子が果たして強いと言えるのでしょうか。

ぼくが娘たちを育てていたときは、小学校に上がった時点で、一人で外に出していました。同級生の親御さんから「交通事故も多いのに、一年生を一人で外に出して大丈夫ですか」と聞かれたこともありましたが、「一年生だから、一人で出すんです」と答えていました。学校には一人で行って、一人で帰ってこなくてはならないわけですから、当然のことです。

「核家族・団地・専業主婦」が男の子を弱くした

――昔と今とでは、子育ての仕方が変わったのでしょうか。

戦前の家族は、三世代同居の大家族が中心でした。職業は圧倒的に農家が多く、人々は村落コミュニティを形成して暮らしていました。

昔はきめ細やかな子育てができたと早合点しないでください。戦前までの子育ては、きめ細やかさとは無縁でした。「貧乏人の子だくさん」という言葉もある通り、一家には七人も八人も子どもがいましたが、育て方は、よく言えばおおらか、悪く言えば、雑で、いい加減でした。

農業は基本的に共働きです。昼間は父親も母親も田んぼに行きますから、家には高齢者と子どもしかいません。そんな中、子どもたちは、いい加減に面倒を見られながら、適当に育っていったわけです。

ぼくは戦後の生まれですが、幼い頃は、共働きの両親に代わって祖父母が面倒を見てくれていましたから、その時代の感覚はわかります。いいおじいちゃん、おばあちゃんでしたけど、孫の世話は本当に適当でした。なにしろ、庭をうろうろしている地鶏が産んだ卵を生のまま食べさせていたぐらいです。衛生面の配慮など一切ありませんでした。

ところが、戦後になると、子育ての仕方は一変します。農村部から人々が都会に大量に流入し、都市部での核家族化が進みます。夫はサラリーマンで妻は専業主婦という若いカップルは、団地で暮らし始めました。子どもの数も一家に二、三人ぐらいが一般的になり、一人っ子も珍しくなくなりました。

実は、これは人類が初めて経験する家族の形態です。太古の昔から、コミュニティに開かれた大家族の中でいい加減な子育てをしてきたのに、団地という密室の中で夫婦だけが子どもを育てるというスタイルに大きく変わったのです。専業主婦は、昼間は一人で子どもたちと向き合うことになりました。

――そのような家族の形態の変化は、子どもの育て方にも何らかの影響を及ぼしたのでしょうか。

かつてのような、おおらかな子育てをするのではなく、母親が生真面目になって、子どもをガードするようになりました。特に男の子に対するガードが強まりました。

ぼくも経験しているから知っているのですが、女の子を育てるのはわりあい簡単です。女の子は親の言うことをよく聞きますし、あまりおかしな行動はとりません。

とりわけわが家の場合は、四つ年の離れた姉妹ですから、上の子が下の子の面倒をよく見てくれました。「ちょっと仕事で出かけてくるから、二人で遊んでて。おとなしくしてるんだよ」と言うと、その通りにおとなしく待っていました。一時間ぐらい家を空けても、まったく平気でした。

これに対し、男の子は目が離せませんし、手がかかります。家に残して出かけようものなら、部屋の中を動き回って何をしでかすかわかりません。下手をすると、窓を開けてバルコニーから飛び降りようとします。

ですから、世のお母さんたちが男の子の育て方に悩むのは、当然といえば当然です。「自分は女だから、男の子のことはわからない」という声もよく聞きます。でも、何をしでかすかわからない男の子を守ろうとして過剰な母性を発揮してしまうと、強い男の子にはなかなか育っていかないのです。

日本は今、非常に安全で、なおかつ安全を最優先する社会になっています。そんな中、男の子たちは、危険なにおいのするものから遠ざけられ、無菌状態に置かれて育ちます。

しかしながら、人間が充実した人生を送っていくためには、あらゆることに対して免疫をつけていく必要があります。子どもの周りからすべての危険を取り上げてしまうと、免疫はつきません。真に安全な人生を手に入れようとするならば、小さな失敗を重ねることで免疫をつけていくことが肝心です。

安全で狭い世界にいるだけでは、子どもは危険というものについての想像力を育むことができないばかりか、自立心も冒険心も培っていくことができません。そして、ある日、世の中に未熟なまま放り出されてしまうことになるのです。

責任を学校に押しつける親たち

――「男の子からエネルギーを奪う母親」になってはいけないというお話もありました。

先にも述べた通り、ぼくは小学生の頃からバイクに乗っていて、高校一年生のとき正式に免許を取りました。

あの頃、一九七〇年代半ばは、バイクを許可している学校と禁止している学校の比は、半々ぐらいだったと思います。幸い、ぼくの母校には、バイク運転を禁止する校則はなく、免許を取得した生徒はその旨を学校に報告することになっていました。学校側は月に一回ぐらい、土曜日の午後に講習を開き、警察から指導員の人がやってきて、交通安全について教えてくれました。

その後、小説家になってから、母校で講演会を開いてもらったことがありました。ぼくは校長先生に会って「今でもバイク免許の取得は許可されていますか」と聞いてみました。校長の答えは「禁止しています」でした。

これは母校に限った話ではなく、現在、日本のほとんどの高校では校則でバイクを禁止しています。かつては、「免許を取らせない」「バイクを運転させない」「バイクを買わせない」をスローガンとする「三ない運動」が全国的に展開された時期もありました。

しかし、これはとてもおかしな運動です。学校に駐車場のスペースがないから、「バイクでの通学を禁ずる」という校則ならまだわかりますが、法律で認められている免許を取らせず、通学以外で乗ることも許さず、財産として所有することもいけない。こんな理屈がなぜまかり通るのでしょうか。

「バイクは危険だから」というのが理由でしょうか。だったら船はどうですか。うちの長女は高校一年生のとき、小型船舶免許を取りました。一人で乗るなら、バイクより船の方がよっぽど危険ですが、その高校には「小型船舶免許の取得禁止」という校則はありませんでした。

子どもがバイクの免許をとるかとらないかというのは、本来、家庭の問題です。未成年の子どもが「取りたい」と言い出したら、親の責任でどうすべきかを決めればいいだけの話です。「この子は未熟で自転車の交通ルールもわかっておらず、安全運転はまだできそうもない」と判断したら禁止すればいい。「この子は注意深いし、ふだんから何事においてもルールを守るタイプなので信頼できる」と判断したら許可すればいいのです。

しかし、三ない運動は、こうした親の責任を親自らが放棄したものでした。なぜなら、運動の主体は、学校側ではなく、PTAだったからです。つまりは親たち、より正確に言えば母親たちの突き上げによって、各地の高校はバイク全面禁止を校則に盛り込むようになっていったのです。

これは、ナイフが禁止されていったプロセスとも非常によく似ています。ナイフの扱い方、便利さとその裏側にある危険性を教えるのは、父親の役割です。ところが、日本の父親たちは仕事にかまけて家庭に背を向け、そういう大事なことを子どもたちに伝授しませんでした。となると、ナイフも、バイク同様、危険なシロモノ、母親の手に負えないものになります。

母親たちは、自分の手に余るものはどうするか。取り上げるしかありません。けれども、母親たちはそれを自分ではやりません。学校に責任を押しつけて、「禁止」してもらったのです。

――母親たちが過剰な母性を発揮した結果、息子の行動範囲を狭めて、息子が

強い男になる機会やツールを奪っているということですか。

これは男女問わず言えることですが、子どもたちはいずれ交通社会の中で暮らすことになります。となれば、なるべく早い時期に安全運転のためのマナーやテクニックを教えたほうがいいに決まってます。

十六歳でバイクの免許をとるのは危ないというのも誤解で、本当に危ないのは、年齢と関係なく、免許を取ってからの最初の一年間です。十八歳で取ろうと、二十歳で取ろうと、それからの一年が最も注意が必要なのです。

だとしたら、交通安全のイロハは、子どもが巣立っていく前、親が監督できている間に、親の責任で身につけさせるのが理想だし、本来のあり方でしょう。

うちの娘たちはバイクの免許は取りませんでしたが、二人とも十八歳で自動車の免許を取りました。その際、ぼくは娘たちに自動車運転技術をみっちり仕込みました。それが、父親としての自分の役割だと思ったからです。

アルバイトで学んだ大人のルール

――バイクとは少し事情が異なるかもしれませんが、アルバイトを禁止している高校もあります。これも、子どもが外の世界を知る経験を摘み取っていることにならないでしょうか。最近の大学生はあまりアルバイトをしないという話も聞きます。社会に触れ、大人との接し方を学べるいい機会なのに、もったいないと思います。

本当にその通りだと思います。

ぼくは、母校、浜松北高校に入ってすぐにアルバイトに精を出すようになりました。ホンダの下請け工場で働いたり、大工さんの見習いのようなことをやったりしましたが、三年間で最も時間を費やしたアルバイトは日曜日と祝日の電報配達でした。もっとも、それは両親が電電公社の職員だったからで、ほかにたいした理由はありません。

アルバイトを通じて学んだことはたくさんあります。高校一年の三学期、電報配達は大忙しでした。正月、成人の日は祝電、二月から三月にかけては大学受験の合否電報、春になってくる頃には結婚式の祝電と、ことあるごとにアルバイトに駆り出されました。アルバイト代は、午前九時頃から午後三時頃まで働いて、一日当たり二千五百円ぐらいで、高校生としては割のいい仕事でした。

ところが、二日分のアルバイト代が一瞬で吹き飛ぶ事態が生じてしまいました。しかも、同じ場所で二日続けてです。

ある日、最後の電報を配達し終わり、電報電話局に戻ろうとしていたときのことです。幹線道路の手前の交差点で原付バイクを停止させました。道路脇に、「矢印が左に曲がっている標識」が立っていました。しかし、何のことやら意味がわからず、無視して直進しました。すると、立っていた警察官に呼び止められ、左折しかできない交差点を直進したと注意され、反則キップを切られてしまいました。反則金は五千円、二日分のアルバイト代がパーです。

翌日、今度は同じ場所の狭い路地の、「赤いマル印にマイナス模様」の道路標識の前で、ぼくはまたバイクをいったん停止させました。この標識が進入禁止を意味していることはなんとなくわかりました。しかし、その下に「軽車両は除く」とあったため、迷いました。原付バイクが軽車両なのかどうかがわからなかったのです。

——途中ですみません。バイクの免許を取っているのに、どうして道路標識がわからなかったのですか。

なるほど、そこを先に話しておかなければいけませんね。実を言うと、インチキをして免許を取っていたのです。

高校一年のとき、まず原付バイクの免許を取ったのですが、試験の前、母親に「原付免許なんて、常識さえあれば受かる」と言われました。ぼくはその言葉を信じて、運転免許試験の教則本にまったく目を通すことなく試験を受け、見事に落ちました。

試験場を出て、とぼとぼ歩いていると、「コーヒー一杯で免許が取れる」という看板を掲げた喫茶店がありました。入って話を聞くと、カウンターの主人がシステムを教えてくれました。そこの店では、客がコーヒーを飲む間に、数種類ある試験の過去問題と解答を教えてくれるというのです。

ただし、コーヒー代は三千円と高額でした。支払うべきか、やめるべきか、迷いに迷いましたが、そのとき店の奥で電話が鳴り、主人は席を外して受話器を取り、何やら話し始めました。

その隙を逃さず、すべての過去問と解答に目を通していきました。高校三年間で最も集中力を発揮したのは、たぶんこの数分間だったでしょう。主人が電話を終えて戻ってくると、「やっぱやめとく」と言い、店を出ました。

二度目の試験ではもちろん合格しました。しかし、偶然によって得られた機会を利用し、交通規則を知らぬまま、原付免許を手に入れてしまったインチキを、神様は見逃してくれなかったのです。

――それで、原付バイクが軽車両に含まれるかどうかがわからず……。

悩んだ末に「含まれる」と判断し、直進しました。つまり一方通行を逆走したわけです。前方には、やはり警官が立っていて手招きされました。

「ここは一方通行だよ。あの標識は目に入らなかったのか」

「原付バイクは軽車両ですよね」とぼくはとぼけました。

「軽車両とは、自転車やリヤカーのことだ。免許試験で出たはずだろ」

ぼくは平身低頭しましたが、またしても五千円の反則キップを切られ、二日間で一万円を失う羽目になったのです。

事態はそこで終わりではありません。交通違反した場合は、学校への報告が義務づけられていました。内緒にしていても、いずれ警察から学校に連絡が入るはずだと、新学期になってから担任の先生に自白しました。結果は、母親が呼び出され、校長の面接があり、停学二日の処分を食らってしまいました。

――この失敗を通じて、何か教訓は得られましたか。

不正な方法で何かを手に入れても、手痛いしっぺ返しを食らうという教訓を学びました。そして、罰を受けることになったぼく自身、学校側の対処に大いに納得しました。

停学処分が決定する前、ぼくは交通安全対策を担当する教師の面談を受けました。そこでは、ぼくが二度にわたって交通違反を犯した原因が究明され、教師は「連続交通違反の原因は、交通法規をまったく知らなかったことにある」と分析しました。ぼくは心の中で「正解！」と叫んだものです。

原因究明が終わると、停学中にやるべき宿題が決められました。「道路交通法の教則本の内容を二回ノートに書き写すこと」です。そうすれば、いやでも法規をおぼえるだろうという、まことに理にかなった宿題でした。

最初からまじめにやっていれば、違反を犯すこともなかったし、反則金も取られることはなかったと猛省しつつ、ひたすら教則本の中身を書き写しました。母校では、高校生に免許の取得を許可する以上は、交通安全教育を充実させなければいけないというコンセプトをもっており、ぼくのような不心得者が出てきたときも、きちんと対処して、事故のリスクを減らす努力をしていました。入学以来から、愛校心はありましたが、停学の後、ますます学校が好きになりました。

ペット化する男の子たち

——話を戻しましょう。世のお母さん方は、自分の息子が強い子に育ってほしいと望んでいないのでしょうか。

先ほども少しお話ししたように、男の子を育てるのはもともと難しいのです。一番大切なのは、見守るということなのですが、これが最も難しい。

たとえば、公園にジャングルジムがあって、男の子がのぼり出したとします。手足の運び方はあぶなかしく、見ている親としては心配になります。そんなときは、「やめなさい」と言って止める方が簡単です。

しかし、それでは、その男の子はいつまでたってもジャングルジムにのぼれません。身体のバランスをうまくとりながら、筋力を使ってのぼったりおりたりする感覚をつかむこともできません。ですから、親はその子がジャングルジムから落ちないように見守りながら、その子のしたいようにやらせなくてはならないのです。場合によっては、落下してきた子を下で受け止めるぐらいの覚悟も求められます。

これは本当に難しいことで、忍耐力も判断力も必要とします。そして、その困難からお母さんたちは逃げているのではないかと思います。危ないことはさせない、一人で出かけさせない、ナイフは使わせないし、バイクにも乗らせせない。そういう子育ての方が親としては楽なのです。

――しかし、一人の人間を育てていくうえで、親の都合ばかりを優先していいのでしょうか。

親として一人の人間を育てているという認識が希薄なのかもしれません。しかし、それは子どもをペットのように見なしているということです。

そもそもペットは、飼い主が自分のために飼うものです。犬や猫は飼い主を癒すという役割を果たせばいいのであって、動物としての崇高な使命などは求められません。

しかし、子育ては、親が自分のためだけにやることではありません。子どもは天からの授かりものと言いますが、その通りで、子どもを立派に育てて社会に還元する義務が課されています。自分の子どもが成長し、社会の役に立つような人材になって、初めて子育てはうまくいったと言えます。大げさな言い方をすれば、子育ては世界をよりよくするためにやるものです。

　しかも、ペットの場合は、犬や猫の最期を飼い主が看取ることができますが、人間の親子の場合は、たいていは親が先に亡くなり、子どもが後に残されます。ですから、親は、自分の子どもたちを八十年、九十年生き抜く力のある個人に育てなくてはなりません。そこを履きちがえて、わが子をペットのように見なしてしまうと、その子は大人になってより大きな危険を味わうことになります。

　ある会社の社長さんから聞いた話ですが、そこの会社で新卒の男子大学生に内定を出したところ、その母親からこんな問い合わせがあったそうです。

「お宅の会社は九州にグループ会社がありますね。息子がそこに配属される可能性もあるのでしょうか」

　電話を受けた社員が「ありますよ」と答えると、母親は言ったそうです。

「大切に育てた息子が手元から離れるのは困ります。遠くに行かせるつもりはありませんので、この度の内定は辞退させてください」

　社長は「そんな親に育てられた男はどうせ使いものにならないから、採用しなくてよかった」とあきれていました。お母さんが病気がちであるとか、母一人子一人の家庭であるといった特殊事情もなかったそうです。息子が自分の口で辞退を願い出るならまだしも、母親が出てくるとは、開いた口がふさがりません。

同じように母親が息子の就職に介入するという話はよく耳にします。へにょへにょ君には素直でいい子が多いので、母親としては、ついつい手放したくなくなってしまうのかもしれません。そのうえ最近は、子どもの個性を尊重するという風潮がありますから、その意味を誤解した母親たちは、へにょへにょの息子に対して「頑張らなくても、今のままでいいのよ」とささやき続けます。このメッセージがその男の子のへにょへにょ度をさらに助長します。

しかし、そのような育てられ方をしたへにょへにょ君は、成人した後、どうなるのでしょうか。「さあ、独り立ちしなさい」と言われても、すぐに独り立ちなんてできるものではありません。温室育ちだったのに、いきなり外の世界に触れて、挫折してしまうのが関の山です。そして、生まれて初めて失敗し、どうしていいかわからなくなったへにょへにょ君たちが引きこもりになっていくのです。

――そういう子はどんな人生を歩んでいくことになるのでしょうか。

戦前から戦後しばらくの間は、地域コミュニティが維持されており、お祭りの時期になると、男たちが集まって、何日もかけて準備を進めていました。若者たちもこれに加わり、年長者の指示に従って動き回りました。その際、「男としての生き方」を教わることも多かったでしょう。気弱だった若者が、目の前にいる屈強な男たちと酒を酌み交わしながら、「自分もああなりたい」と目覚めていくこともあったに違いありません。

その後、戦後の高度経済成長期からバブル経済崩壊ぐらいまでの間は、男の育成を企業がある程度代行していました。軟弱そうな新人が入社してきたら、仕事を通じて鍛え上げ、あるいは先輩社員たちが酒をおごったり、マージャンにつき合わせたりして、タフな企業戦士に育てていました。

今はもう地域コミュニティは崩壊していますし、企業で強引な人材育成をやろうとすると、パワーハラスメントとかブラック企業などと批判されかねません。となると、成人したへにょへにょ君はいつまでたってもへにょへにょ君のままです。

もちろん、男性は突如として成長することもありますが、そのためには環境を変えることが必要となります。さもなくば、へにょへにょ君から脱却するのはかなり難しいとぼくは見ています。

強い女性に求められること

――大人になったへにょへにょ君は、残念ながら、もう手遅れということです

か。男の子をもつ母親はよくよく気をつけなくてはなりませんね。

冒頭の方で、ぼくに、「息子を預けるから航海に連れ出してほしい」と頼んできた女性がいるという話をしました。今までに二人いました。一人は会社の社長です。ゼロから会社を立ち上げ、多くの従業員を束ねています。もう一人は大手出版社の編集長です。

つまり、この二人はいずれも「強く魅力的な女性」です。しかし、その強さゆえに「男の子からエネルギーを奪う母」になってしまったと言わざるをえません。二人とも、息子さんのへにょへにょぶりには困り切っていますが、残念ながら原因は母親本人にもあるのです。

これはぼくの持論なのですが、夫婦関係において、夫と妻のどちらがイニシアチブをとるかによって、生まれてくる子の性別が左右されてしまう。父親が強い場合は娘が生まれ、母親が強い場合は息子が生まれ、夫婦の力関係が拮抗している場合は、息子と娘が生まれる確率が高い。

現に、ぼくの母親は強かったので、兄とぼくが生まれました。ぼくに相談してきた女性二人は強い女性であり、いずれも男の子を産んでいます。これは、ある種の「法則」ではないでしょうか。うそだと思うなら、周囲を見回してみてください。八割方当たっていませんか。

——言われてみれば、そんな気もします。では、強い女性はどういうことに気をつけて男の子を育てればいいのでしょうか。

息子さんの将来を思うなら、息子さん以外のことに関心をもってほしいと思います。専業主婦を悪く言うつもりはありませんが、パワーをもて余し気味の専業主婦のお母さん方には、パートに出て働くなり、趣味やボランティアに打ち込むなりして、息子さんにあまり構わないでいただきたいのです。

ぼくに相談してきた二人の女性のように、外でバリバリ働いてパワーを消費しているはずなのに、家庭内でもパワーを発揮してしまったのか、結果的に息子がへにょへにょ君に育ってしまった例もありますから、これは難しいことなのかもしれません。

しかし、だったら、なおさら意識的に息子と距離を置いていただきたいものです。くれぐれも、あり余る力と母性を息子に注ぎ込ないようにしてほしいのです。

世の父親たちにも言いたいことがあります。どんなに仕事が忙しくても、息子のことを母親任せにしないでいただきたいのです。

女は、男の子を男にはしません。男の子を男に育てられるのは男だけです。ですから、もっと息子さんにかかわっていくべきです。スポーツが好きなら、息子と一緒にやる。登山が好きなら、息子と一緒に野山を駆け回る。釣りが好きなら、海に連れていく。母親の手に負えないことをやってこそ、父親です。子どもを引きずり回すぐらいの勢いで頑張ってほしいと思います。

母性に振り切れた社会

——父親たちがしっかりと父性を発揮することが、強い男の子を育てていくことにつながるのですね。

それは社会全体についても言えることです。

ぼくたちを取り巻く世界を二対の概念で整理してみましょう。以下のような具合です。

論理—情緒
大所—局所
脳—遺伝子

冒険―安定
演繹―帰納
トップダウン―ボトムアップ
アドレナリン―セロトニン
一神教―多神教
戦争―平和

どうでしょうか。本当はもっとたくさん挙げられるのですが、ここまでで何か気づくことはありませんか。

上のグループに属する概念群はおおむね男性的です。父性や男性的要素を示す概念群と呼んでいいでしょう。下のグループに属する概念群はおおむね女性的です。母性や女性的要素を示す概念群と呼ぶことができます。

といっても、ぼくは、すべての男性が論理的で冒険好きだと言っているわけではありません。世の中には、情緒的で安定を好む男性もいますし、論理的で冒険好きな女性もたくさんいます。

父性—母性（男性的—女性的）というのは、あくまでも世界を二つの概念群で整理するための象徴的キーワードです。個別に見れば対立する概念ですが、それぞれの相互作用によって世界をつくっています。大切なのは、上下の概念のバランスなのです。

では、日本社会はどうでしょうか。日本人のキャラクターは、父性のグループと母性のグループのどちらに近いでしょうか。

答えは自ずと明らかでしょう。日本人の性格は母性のグループに非常に偏っています。社会の父性度・母性度を測定する機械があったとしたら、メーターの針が完全に母性の方に振り切れているような状態です。

論理よりも情緒を尊重し、ものの見方は局所的で、冒険よりも安全を望む。たった一人で決断することよりも、みんなの総意に基づく全会一致を重視する。唯一絶対神をあがめるキリスト教やイスラム教よりも、自然に寄り添うアニミズムに親しみを感じる。これが日本人の国民性であり、日本社会の姿です。

新たな男性像を創造し、社会に父性を取り戻す

――日本社会はゆがんでいるということですか。

ぼくは自分が生まれ育った国を否定したいわけではありません。日本人は柔軟性に富み、礼儀正しく、繊細な感受性をもっています。それはいいところですが、一方で、臆病で自立心に乏しく、勇気がない。

昔からそうでした。冒頭でお話しした通り、かつての家父長制は、一見、父性的なシステムのようで、実は非常に母性的なシステムでした。

天皇制もきわめて母性的なシステムです。日本史上、天皇が民衆によって攻撃されたことはありません。イギリスやフランスなどヨーロッパの歴史においては、国王が民衆によって殺されたことは何度もありましたが、天皇は違いま

す。

なぜなのか。それは、天皇が日本人にとって「慈母」のような存在だからではないでしょうか。強烈なキャラクターをもっていた後醍醐天皇のような例外を除けば、天皇制はその傾向として、臣下を集め、それぞれが望んでいることを穏やかに聞き出し、できるだけ全員の意向にそう方向に導くような統治スタイルをとってきました。太平洋戦争のときも、昭和天皇は軍隊を直接、指揮したりはしませんでした。

天皇の態度は、「あなたは何がしたいの？　わかった。じゃあ、そうしましょう」と御墨付を与えるものです。国民にとって、天皇は正面からぶつかる対象にはなりえません。

第二次世界大戦後、ＧＨＱ（連合国軍最高司令官総司令部）は、戦前のさまざまなシステムを解体しましたが、象徴天皇制は残しました。それは、彼らが日本人のキャラクターと天皇制の本質を微妙に察知し、制度としての有効性を認めていたからではないかと思われます。

戦後、日本人がますます母性の方向に舵を切っていったのは、元来、戦争が得意な民族でないにもかかわらず、無謀な戦争に突き進み、多くの犠牲者と国土の荒廃を招いたことへの反省からです。戦争はもうこりごりという国民感情が男性的特性を解体し、もともと母性的だった社会をさらに母性的にしていったのです。

――社会全体で父性を取り戻さなくてはいけないということですか。

戦後七十年の歳月によって、日本社会は、母性に傾きすぎた状態で固まっています。へにょへにょ君の増加は、そうした環境によって生み出された現象です。

そろそろ社会に新しいタイプの父性を加味し、バランスをとるべき時期に差しかかってきたのです。

ここで言う父性は、いわゆる「昔風の男」がもっているようなキャラクターのことではありません。蛮勇を誇示し、戦いを好み、女性を見下し、家の中でふんぞり返っているような男性像（それは本当の男らしさではありません）を取り戻すべきだと、言いたいわけではありません。

提唱したいのは、前時代の男性像を止揚して創り上げた新しいコンセプトです。その新しい男性像こそが、本書で繰り返しお話ししてきた「強い男」にほかなりません。勇気によって優しさを表現することができ、状況を読む判断力と風潮に流されない決断力を備え、常に自己をコントロールできる。自立した人間として家事もこなし、父親として家族を守るという立場から積極的に子育てにもかかわる。そういうしなやかな強さを備えた男性がもっと増えていくことを願っています。

強い男を求めなさい

――しなやかな強さをもつ男性は、女性から見てもとても魅力的だと思います。

そういう男性こそ、女性にとってパートナーシップを結ぶに値する相手と言えるでしょう。へにょへにょ君は女性のお荷物になるだけです。

男性のキャラクターを決定づけるのは女性です。だからこそ、世の女性に強い男を求めてほしいと願っています。男性は女性に求められて、変わっていくものです。女性が強い男を求めていることを知った男たちは、需要に応えるべく、自分を磨いていくでしょう。

一つ、悪い例を挙げましょう。

サイエンスライターで作家の竹内薫君は気の合う友人で、ときどき会って物理学や数学の話を聞かせてもらっています。小説で科学をテーマに扱うことの多いぼくにとって、彼との語らいはとても貴重な時間です。といっても、雑談に終始してしまうこともあるのですが、あるとき、こんな話を聞きました。

ある夜、竹内君が奥さんとレストランで食事をしていたとき、デート中とおぼしき若いカップルが隣のテーブルに座りました。男性の方は、女性を口説きたいようで、自分がいかにできる男かということをさかんにアピールしていました。

竹内君と奥さんは興味をそそられて、カップルの会話に耳をそばだてていたのですが、その男性はこんなことを得意げに話していたそうです。

「俺、この前、クラブのイベントに行ったんだけど、割引券をポケットに入れてるつもりで列に並んでたら、いつの間にかなくなっちまって。係の人から割引券がなければ通常料金と言われたんだけど、ムカついたから、店にクレームつけて、割引料金で入らせてもらった」

男性は自分の勇気や交渉力を女性にアピールしたかったのでしょう。ちなみに、割引額は五百円だったようです。

竹内夫妻は笑いをこらえるのに必死でしたが、好奇心をかきたてられて話を聞いていると、男性は「結局、割引券はポケットの奥の方に入っていたんだけど」とオチまでつけました。

食事が終わると、女性は「私、もう帰る」と言って席を立とうとしました。男性は「もう一軒、行こうよ」とすがりついていましたが、女性は「いや、帰る」と言って聞かなかったと、竹内君は話していました。

それはそうでしょう。この男性がアピールしたのは、自分がうかつな人間であること、自分の不注意を棚に上げて店にクレームをつけるような厚かましい人間であること、そしてわずか五百円ばかりのお金をケチるようなセコい人間であること、この三つだけだからです。こんな男性に女性がついていくはずがありません。

この男性は、なにも、面白い話をして女性を楽しませようとしたわけではないのです。目の前にいるのがこんなダメ男くんだと知った女性にしてみれば、うんざりしながら退散の時期をうかがっていただけだと思います。

――物をなくしたと思い込んだり、強引なクレームで解決しようとしたりしているわけですから、その男性はセルフコントロールもできていませんね。

今の話は笑える例ですが、強い男かどうかを見極めるにあたっては、その男性が自動車をうまく運転できるかどうかを見るのはひとつの方法です。

自動車の運転では、判断力や決断力を求められます。まだ行ったことのない場所を目指すときはなおさらです。カーナビに頼らないと決めれば、地図で目的地を確認し、最適なルートを自分で選択することになります。

ふつうのドライブなら、さすがにパニックに陥るような事態は起きないと思いますが、道に迷うとか、大渋滞に巻き込まれて、予定していた到着時間に間に合わなくなるとか、パーキングエリアで他人のクルマにぶつけられるといった類の小さなトラブルに見舞われることはあるかもしれません。そんなときに、男性が落ち着いて正しい行動をとれるかどうか。ここもチェックポイントになるでしょう。

男性の中には、高いドライビングテクニックがあれば、運転は少々荒くてもいいと思い込んで、むやみにスピードを出したり、無理な追い抜きをかけたりする人がいますが、乱暴で危険な運転は、女性を不安にするだけです。このあたりも男性を見極めるチェックポイントになるはずです。

へにょへにょ君を野人に生まれ変わらせる

――先ほど、環境が変われば、へにょへにょ君も強くなれる可能性があるというお話がありました。世の中全体で、強い男を育てていく方法はないのでしょうか。

男の集団に入れてしまうのが一番手っ取り早い方法でしょう。

うちの次女の婿が幹部自衛官だから言うわけではないのですが、防衛大学校に特別コースでも設置できれば、とても有効ではないかと思うのです。

防大生は国家公務員なので給与を受け取りながら学びます。これに対し、特別コースでは、学生に給与は支払わずに授業料を取り、その代わり自衛官への任官を義務づけないで、一般の防大生と同じような教育を施す。そうすれば、へにょへにょ君にとっては最適なプログラムを提供できるのではないかと想像します。

つまり、防大に強い男を育成するための機能をもたせるわけですが、へにょへにょ君の息子さんにお手上げ状態のお母さんはたくさんいるのですから、そういう機関があってもいいのではないでしょうか。

ただ、そんなことを空想しているばかりでは無意味なので、ぼくも個人的に何かできないかと考えているところです。博報堂でプロデューサー兼ディレクターをやっている川下和彦君と一緒に具体的な構想を練っています。

川下君は「これからは変人が必要になる」という考えに立っています。この場合の「変人」とは、物事の本質を見抜き、優等生のルールに縛られず、行動を起こすことのできる「不良」のことだそうです。また、彼はビジネスとはスポーツのようなものだというセオリーをもっており、普遍的なビジネス能力を身につける方法を体系化して『勤トレ』（ディスカヴァー・トゥエンティワン）という本にまとめています。

その川下君から、人類の進歩に貢献する変人や不良を育成する私塾をつくりたいので、塾長をやってほしいと頼まれています。塾の名前は「変人塾」がいいと彼は言っているのですが、ぼくは「野人塾」がいいのではないかと考えています。ヨットや格闘技もプログラムに取り入れて、へにょへにょ君をたくましく鍛え上げる塾にしたいのです。

――鈴木さんは格闘技もやってこられました。格闘技は、へにょへにょ君を鍛えるのにも効果がありますか。

中学生のときに柔道を始めて以降、ずっと格闘技に興味をもち続けてきました。以前、テレビ番組の企画でプロの格闘家と試合をすることになったときは、ボクシングや総合格闘技のプロたちからも指導を受けました。

格闘技をやっていると、野性の感覚が覚醒します。それに、ある程度戦えるという自信がつくので、行動範囲を広げることができます。

以前、小説のテーマに関連してヤクザについて調べたことがあり、その世界に通じている友人たちから話を聞いたことがあります。半グレ集団との間でもめごとが起きた場合は、簡単に謝ってはいけないそうです。パニックを起こしてすぐに土下座なんかしてしまうと、ますます弱みにつけこまれ、ひどい暴力を受けることもあるといいます。

乱暴者と渡り合うためには、こちらもひるまずに、主張すべきことを堂々と主張しなくてはならないのです。そうやって筋を通した方が、危機を脱せられる可能性が高いと友人は話していました。

ただ、ひるまずに堂々と筋を通すためには、いざというときには戦えるという自信がなくてはなりません。もちろん、相手が本物のヤクザの場合、安易に戦いを挑むと危険な目に遭う可能性もあり、見極めが肝心です。

以前、夜の表参道でタクシーを拾おうとしていたときのことです。道路脇に立って空車が来るのを待っていたところ、背の高い若い男がこれみよがしにぼくの前に出てきて、タクシーを止めようとしました。

ぼくは頭にきたので「俺の前をうろちょろするな」と一言、声をかけました。男は「なんだ、この野郎」とすごんで、ぼくをにらみつけました。

見た感じではヤクザではなさそうでしたし、威嚇されても、ぼくは動じず、相手を値ぶみしながらジーッと見ていました。すると次の瞬間、男の顔色がさっと変わり、「すみませんでした。この時間はタクシーがなかなかつかまらなくて」と言い訳を言うと、自ら空車のタクシーを止めて、「どうぞ」とぼくに譲りました。

この話を前出の竹内薫君にしたところ、彼は『天才の時間』（ＮＴＴ出版）という本で取り上げてくれました。竹内君の分析では、この男は、いつもの調子ですごみさえすれば、相手は謝るか引くと考えていたが、ぼくを見て、動物的な勘が働き、「自分が食べられる」という恐怖にかられたのだろう、というものでした。

同じ話を元不良のボクシングコーチにすると、「それは心が折れちゃったんですよ」と解説してくれました。「不良はそういうやり合いをよくするんですけど、向こうは怖がらせようとすごんだのに、光司さんはぜんぜん動じないで、いかようにも対処できるという態度でいたんでしょ。そうすると、相手の恐怖心が膨らんで心がボキッといきますよ」

ぼくは不良でも何でもないので、そんなやり合いをしたことはありませんが、ケンカ慣れした人間は、相手を見て、その強さを推しはかります。たぶん、自信ある態度に怖れを抱き引いておこうと思ったようなのです。

暴力を肯定するつもりはさらさらありませんが、格闘技を身につけることによって、身体から迫力が滲み出るのはまちがいありません。いかなる事態にもパニックを起こさずに対処できるようになれば、行動範囲が広がるのです。

強い男が負う義務

――そうやって強い男性を増やしていくことは、社会全体にとっても意味があるのでしょうか。


男たちが、もがき、あがき、互いに切磋琢磨し合う中で、社会全体が底上げされます。

もともと女性はまんべんなく強いので、わざわざ「強くなれ」と言う必要はないのです。

その点、男性は違います。男性は強さに差があり過ぎて、放っておくと力がしぼんでしまいます。ぼく自身男だからわかるのですが、さぼっていいと言われると、男は徹底的にさぼってしまう生き物なのです。反面、一旦崇高な使命が与えられるや、大樹にも登らんとする集中力も備えている。だからこそ、若い男性に対して「君たちには世の中を向上させる活力も資格もある。社会を引っ張り上げろ」と言い、叱咤激励し続けなくてはなりません。西洋には「ノブレス・オブリージュ」という言葉があり、社会的地位の高い人はそれだけ重い責任を負っていると考えられていますが、男をスポイルして役立たずのまま放置するのは、社会にとってあまりに損失が大きい。

人間はネットワークをつくって生きています。一人ひとりはバラバラの点（ノード）のように存在していますが、実はつながり合っています。それは、中心となる点（ハブノード）があって、いくつもの点と結びついているからです。ハブノードになれば孤立しがちなノードに手をさしのべ、情報を発信し、全体を押し上げることができます。

――強い男性が社会のネットワークの中心となり、弱者を救済する役目を果たすということですか。

学校で起きるいじめについて考えてみましょう。

まず前提として、ぼくは、いじめの問題はほとんど家庭に原因があると考えています。いじめる側は家庭内で抱え込んでいるストレスを教室にもち込み、正当な理由もなく、弱い子を追い詰めたり、仲間はずれにしたりして発散しているのです。それを学校の問題だから教師が解決しろといっても、教師はなかなか大変だと思います。

しかし、教師が解決する方法もあって、それがハブノードをうまく使うことです。どんなクラスにも、たいていはハブノードになれる子がいます。勉強ができても鼻にかけるようなタイプではなく、性格がよくて、行事のときはクラスの中心になり、みんなに好かれる子、一言で言えば「いいやつ」です。

クラスにいじめられっ子がいる場合、教師はそういうハブノードの子にさりげなく役割を自覚させ、「あの子と友だちになってよ」と言って、いじめられっ子の味方になってもらえばいいのです。

ハブノードの子がいじめられっ子の側についた途端、クラスの中に変化が起きます。なぜなら、ハブノードの子はいじめられないからです。ハブノードの子をいじめようとする子がいれば、かえってその子が孤立することになるからです。

世界の仕組みを知り、人類の進歩に貢献する

――強い男性になっていくことによって、充実した人生を送っていくことができるのだと言えそうです。

不景気が続き、社会が閉塞感に覆われているためかもしれませんが、「成長を追うのはもうよそう」とか、「高みを目指して登っていくだけの生き方はよくない」といった後ろ向きの発言をする大人たちがいます。

しかし、ぼくはそうは考えません。そんな言説を将来のある若い人たちに向かって振り回すべきではないと思っています。

人生というゆるく長い登り坂を歩いていると、ときおり峰のふもとに目が向きます。そこに理想郷と似た蜃気楼を見ます。いっそ下山して、あの楽園に定住することができたら、どんなに幸せだろうという気持ちになります。「登り続けるのはつらいでしょう」という甘いささやきにのって、後ろを振り向きたくなることもあります。登るより下る方が楽なので、下るための言い訳をついつい考えてしまいます。昔は今よりよかった、本当の幸せは現在ではなく、過去にある、そういった口実をつくり、山を下りたくなります。

けれども、そこで下山してしまったら、人生はおしまいです。世の中がそのような人たちばかりだと、社会は停滞し、やがて滅亡に向かっていくでしょう。

過去に理想の形があり、文明の進歩とともにそれが失われたという考えは間違っています。過去から現在へと、手探りをしつつ、行きつ戻りつしながらも、よりよい方向を目指しながら前に進んできたのが人類の歴史です。

生命には前進がプログラミングされています。どんなに坂がきつくても、ぼくたちは前を向いて登っていくほかないのです。われわれの前に広がっているのは、これまでに経験したことのない未知の領域です。だから、勇気をもって一歩を踏み出そう、われわれがたどり着けなかった高い峰を目指そうと、大人たちは言うべきだし、ぼくは常にそう言って若者を鼓舞してきました。

もちろん、やみくもに前に進んでいくのは危険です。山に登るためには、山の本質を知り危険を事前に察知する力が必要です。大人にはそれを教える責任があります。

未知の領域に踏み込んでいくためには、世界の仕組みを知っておく必要があります。

——世界の仕組みを知るためには、どうすればいいのでしょうか。

かつて、ぼくは、『なぜ勉強するのか?』(ソフトバンク新書)を書きました。

その中で、子どもが勉強するのは、テストでいい点をとるためでもなく、受験競争に勝ち抜くためでもない、国語、数学、外国語、歴史や地理、物理や化学など、さまざまなジャンルの学問を幅広く学ぶことで、「理解力」と「想像力」と「表現力」を養うためだと述べました。

これは男女両方について言えることですが、人生における仕事のほとんどは、この三つの能力によってなされます。子どもから大人へと成長し、大きな困難にぶつかったとしても、理解力と想像力と表現力が備わっていれば、上手に克服することができます。

そして、この能力は、世界の仕組みを知るための力であり、社会に貢献し、人類の進歩に寄与するためのものなのです。

「成長しなくてもいい」「高みを目指さなくてもいい」と大人が言ってしまうと、これは、子どもたちに向かって「勉強しなくていい」と言っているのと同じです。

ぼくは、そのような立場はとりません。すべての子どもたちに、そしてとりわけ一人前の男を目指す子どもたちに「よりよい未来を切り開くために、しっかり勉強しろ」とエールを送りたいと思います。

あとがき

最近よく、「今のままのキミでいいんだよ」という台詞を耳にします。

まさに、悪魔の囁きです。

「今のままの自分でいい」と根拠もなく肯定し、安心してしまったら、現状維持が続くだけで、人間としての成長はその時点で止まります。

「今の自分」に疑問を抱き、自己を分析し、望むべき姿と異なっていると自覚したならば、変えようと努力することが大切です。

人間は完成品として生まれてくるわけではありません。長期計画を立て、人生をかけて変革をする姿勢こそ、異性の目に、愛しいと映るものです。

男性は特にそうです。

「意志の自由はない」と自覚したところから、意志の自由を求める旅が始まり、男として中途半端であると自覚したときから、男性としての性を求める旅が始まりました。

男に課された使命とは、常に動き続けることです。

動き続ける限り、未体験ゾーンが現れます。未知の領域には、危険が潜んでいます。想定外のことが起こり得ると、覚悟しなければなりません。判断と決定の機会は雨あられのごとくやってくるでしょう。

動き回るという行為は、理性に裏打ちされた勇気を必要とします。

それにひきかえ、動きが止まってしまった社会は、引きこもりがちで沈滞し、失敗も少ない代わりに大きな成功もなく、生きているという実感は薄くなります。一人ひとりが自分の頭で考えて決定することを怖がるようになり、画一化、マニュアル化が進行して、意志の自由は消滅します。

動きのなくなった世界のことを、物理用語で「熱的平衡」と呼びますが、想像するだに恐ろしい世界です。

そこには物質の構造どころか、生命のわずかな息吹すらなく、すべてにおいて対称性が維持されてしまいます。

対称性が維持されるとは、どこを見ても均一な風景が広がっているということです。

「一か所にとどまるな」「活発に動き続けろ」「停滞するな」と鼓舞するのは、右肩上りで経済を発展させろというのとは、まったく異なります。

人間が織り成すネットワークを、より柔軟に、より美しく、よりダイナミックに展開すべきであるというだけです。

過去の一時代に理想があったと勘違いして後退すれば、ネットワークは停滞し、がん細胞のように矛盾が膨らみ、やがてシャットダウンします。

本当に悲惨な出来事は、ネットワークの動きが滞ったときに起るのです。被害をもっとも大きく被るのは、常に、社会的に弱い立場の人々でしょう。


しばしば、家族は一艘のヨットに乗り合わせた船長とクルーにたとえられます。航海において、船長は必ず必要です。民主的に針路を決めるにしても、最終決定を下す者がいなければ、船の行く末は怪しくなります。

戦前であれば、男だからという理由だけで、船長役は父と決まっていました。現代は、もっと柔軟です。父がその任に相応しくなく、母にその資格があるとなれば、母が船長役に就くことができます。ぼくが子どもの頃は、母のつる子が我が家の船長でした。

ところで、船長の役目とは何でしょう。

少なくとも、ぼくが船長役を務める場合、安全に楽しくクルーたちを目的地に導き、陸の上では決して手に入らない輝ける瞬間を共有することを心掛けます。協力し合って、同じ目的地に向かうことにより、若いクルーは鍛えられ、貴重な経験を積むことができます。

船を教育の場として機能させるのも、船長に与えられた任務です。

海に出れば、不測の事態は必ず起こります。とりあえず海に出なければ、学ぶチャンスは永遠に得られません。

安全を第一としつつ、船長はまず、出港するタイミングをうまく見計らいます。台風が近づいているにもかかわらず、平気で出港するという無責任を繰り返せば、やがて遭難の憂き目に遭います。危険を回避する方法をクルーたちに教える前に、本物の災難がやって来たら、打つ手はありません。かといって、臆病風に吹かれてずっと港にとどまっていたら、そもそも航海自体が成り立たなくなります。

船長たるものには、尻込みするでもなく、猪突猛進するでもなく、絶妙なバランス感覚が求められます。

何十年も航海を続ければ、小さな時化のひとつやふたつ、必ず経験するものです。そこそこに荒れた海を、みんなで協力し合って乗り切ったという経験のみが、未知の大風に対処する力を養います。

船長に求められる要求は多く、資格を得る道は厳しそうです。だからこそ、うまく乗り切ったときの充実感は大きい。

子どもたちにもまた、いつか独立し、よきパートナーと巡り合い、クルーを増やし、自力で針路を決めていくようになってほしいと望みます。

首尾よく目的地に到達できれば、陸地では決して味わえないすばらしい瞬間を得られますが、判断ミスを重ねてばかりいると遭難の憂き目に合う。だれでも一回ぐらいミスはするものです。しかし、繰り返しミスを続けていると、人生は残念なものになってしまう。決定権を与えられている以上、判断ミスの責任はすべて自分で負うほかありません。

いいことも、悪いことも、正直に自分に跳ね返ってくるのが海のおもしろさであり、怖さです。

人生と同じです。

予期しない状況が出現したとき、柔軟に対処する能力さえあれば、どんな困難であろうとたくましく乗り切ることができます。

英国人海洋冒険家、サー・アーネスト・シャクルトンという人物をご存じですか。

彼は、「この世に生を受けたもっとも偉大な指導者のひとり」と言われています。

シャクルトンの冒険を描いた『エンデュアランス号漂流記』（中公文庫）は、ヨット乗りにとってはバイブルとも言える作品で、窮地に陥った場合の心の持ちよう、リーダーとしてグループを導く場合のコツなど、貴重な情報が満載されています。

第一次世界大戦が始まったばかりの一九一四年、シャクルトンは、人類史上初めて南極点に到達したアムンゼンのむこうを張り、イギリス海軍の協力を得て南極大陸横断という冒険を敢行しますが、行く手を氷山に阻まれて船は粉砕、ボートによる漂流を余儀なくされます。

ところが、二十名以上の隊員を見事に指揮し、飢え、極寒、疲労、病気、自然の猛威、事故など、想像を絶する困難と闘って、ついに一人の犠牲者を出すこともなく故郷への生還を果たしたのです。

冒険の前年、シャクルトンは南極への航海計画を立てるや、ロンドンの新聞に隊員募集の広告を出したという逸話が残っています。

その広告の文句はまったくもって素晴らしく、何度読み返しても感動します。

「求む男子。至難の旅。僅かな報酬。極寒。暗黒の長い日々。絶えざる危険。生還の保証なし。成功の暁には名誉と称賛を得る。

アーネスト・シャクルトン」

この呼びかけに応じてシャクルトンのもとに馳せ参じたのは五千人以上の男たちでした。

女性たちよ。新しいタイプの男を求める声を上げてください。

いつの時代でも、あなたがたの要請に応じて馳せ参じる男たちが、必ずいると、信じています。

二〇一五年七月

鈴木光司

著者略歴

鈴木光司（すずき・こうじ）

1957年、静岡県浜松市生まれ。慶応義塾大学文学部仏文科卒。90年、デビュー作の『楽園』（新潮社）が日本ファンタジーノベル大賞優秀賞受賞。95年、『らせん』（角川書店）が吉川英治文学新人賞受賞。『リング』『らせん』『ループ』『バースデイ』（以上、角川書店）シリーズが人気を博し、『リング』『ダークウォーター』は日本、ハリウッドで映画化。2013年、『エッジ』（角川書店）がアメリカの文学賞であるシャーリイ・ジャクスン賞（2012年度長編小説部門）を受賞。“文壇最強の子育てパパ”として二人の娘を育て上げる。他の代表作に『鋼鉄の叫び』（角川書店）。最新作は『樹海』（文藝春秋）。

鈴木光司さんに本の内容で講演を依頼されたい方は、
こちらにご連絡ください。

強い男を求めなさい、いなけりゃあなたが育てなさい！

2015年8月20日　初版第1刷発行

著者　鈴木光司
発行人　牧野智彰
発行所　株式会社LUFTメディアコミュニケーション
〒105-0001
東京都港区虎ノ門1-17-1 虎ノ門5森ビル4F
TEL：03-5510-7725
FAX：03-5510-7726
デザイン　坂川事務所
DTP　株式会社キャップス
印刷・製本　中央精版印刷株式会社

ISBN978-4-906784-39-4 C0095